EL REGRESO
DE LOS
NIÑOS DE LA LUZ

EL REGRESO
DE LOS
NIÑOS DE LA LUZ

PROFECÍAS DE LOS
INCA Y MAYA
PARA UN NUEVO MUNDO

JUDITH BLUESTONE POLICH

Traducción por Laura Brandkamp

Inner Traditions en Español
Rochester, Vermont

Inner Traditions en Español
One Park Street
Rochester, Vermont 05767 USA
www.InnerTraditions.com

Inner Traditions en Español es una división de Inner Traditions International

Titulo original: *Return of the Children of Light: Incan and Mayan Prophecies for a New World* publicado por Bear & Company, sección de Inner Traditions International

ISBN-13: 978-1-59477-216-0
ISBN-10: 1-59477-216-9

Impreso y encuadernado en Estados Unidos por Lake Book Manufacturing

10 9 8 7 6 5 4 3 2 1

Diseño por Kathleen Sparkes y diagramación del texto por Priscilla Baker
Este libro ha sido compuesto con la tipografía Garamond y la presentación, con las tipografías Charlemagne

Este libro está dedicado a los seres de nuestro pasado mitológico que son como dioses y que vinieron del futuro para enseñarnos los seres en quiénes nos podemos convertir.

RECONOCIMIENTOS

Estoy agradecida a las muchas gentes que me animaron, me inspiraron y me aconsejaron en el proceso de escribir y de producir *El regreso de los niños de la luz*. En particular, me gustaría darle gracias a Ellen Kleiner y a sus empleados de la compañía Blessingway Author Services, y a John Lyons-Gould de Piñón Publications por su asistencia editorial, así también como a David Christian Hamblin de Blessingway Books por sus consejos.

Estoy muy agradecida por el apoyo nutritivo proveído por mis amigas Mara Senese, Trigve Despues, y Ruth Rusca en las coyunturas críticas. Estoy bendecida con una compañera, Gayle Dawn Price, a quién le debo una gratitud especial por su asistencia editorial y por su apoyo de manera incalculable a través de la amplitud y la profundidad de ésta jornada. Y finalmente mi gratitud eterna para todos los que ayudaron a iluminar a mi camino, incluyendo a don Miguel Ángel Ruiz, al H. H. Dalai Lama, a Sai Baba, y a Mark Griffin.

CONTENIDO

PREFACIO

Mi primera experiencia mística ocurrió hace 20 años. Yo tenía 32 años y había vivido en Wisconsin toda mi vida. Acababa de terminar mis estudios de derecho en la Universidad de Wisconsin en Madison e iba manejando a través del país hacia Boston con todas mis pertenencias amontonadas en mi Toyota viejo. Habiendo dejado a mi hogar, a mi matrimonio de siete años, y a mi familia, estaba comenzando una vida nueva. Tan pronto de haber cruzado la frontera canadiense con Estados Unidos en Maine, me sentí encantada por una montaña azul pequeña en la distancia. Manejé hacia ésta, como si atraída magnéticamente por una fuerza que no podía comprender.

Dos horas antes de la puesta del sol, llegué a la base del Monte Azul, en donde agarré una manta y empecé a subir. La subida me llevó por un riachuelo montañoso rodante; a través de densos y coloridos matorrales de follaje otoñal; y arriba del límite de la arbolada, en donde los arbustos de arándano se amontonaban en medio del suelo de granito cubierto de líquenes. Cuando llegué a la cima descubrí que tenía a la cumbre esparsa, incluyendo a un lago glacial impresionante y acogedor, solo para mí. Y a medida que el sol se ocultaba, yo medité y luego pasé la noche escuchando a los secretos de la montaña.

Al amanecer me senté por la orilla del lago, mi atención en lo profundo de mí. De repente, a medida que el sol salía, mi mundo entero fué inundado —primero con onda tras onda de luz blanca brillante, y luego con onda tras onda de luz iridiscente de arco iris. Como si había sido despertada y engendrada por la luz, por que la energía pulsante que surgió a través de mí era como algo que yo nunca había experimentado. Me llenó con un amor profundo, con un sentido de bienestar, y una claridad penetrante.

Varias horas más tarde, cuando empecé a bajar de la montaña para volver a entrar al mundo, me dí cuenta sin embargo que todo había cambiado sutilmente y decisivamente. La luz del mundo había tomado un resplandor nuevo, haciendo a toda la naturaleza vistosamente viva. Mi percepción de los alrededores era más inmediata y enfática, y me sentí interconectada con las energías de todo lo que me rodeaba. En ciertos aspectos todavía estoy descendiendo de ésa montaña.

Desde ese encuentro deslumbrante con la luz de hace dos décadas, he tenido numerosas experiencias trascendentales, muchas de las cuales sucedieron en escenarios naturales espectaculares y en ruinas antiguas. Las experiencias fueron todas llenas de luz e imbuídas con mensajes. Lentamente, he llegado a entender mis experiencias y a comprender a algunas de las razones porque los sitios sagrados de nuestro mundo tienen tanto poder.

Antes de adquirir el entendimiento de estos eventos, yo —como cualquier persona sana y razonable— tendía a descartarlos. Después de todo era una abogada, con una mente racional bien entrenada. Al mismo tiempo, sabía que mis experiencias no eran alucinaciones inducidas por drogas o fugas imaginativas de fantasía, si no que encuentros con fuerzas reales. No podía comprenderlas, así que simplemente las separé por departamentos, y me dije a mí misma que éstas eran experiencias en realidades que estaban fuera de lo ordinario (éstas que no son percibidas con los cinco sentidos) y lo dejé así. Fué sólo años más tarde que me dí cuenta que éstas eran parte de un legado antiguo. Lentamente, la niña de la luz, la semilla de dios que estaba escondida dentro de mí, empezó a despertar.

✺

De acuerdo a la perspectiva cultural con la que me crié, si Dios no estaba muerto, entonces él estaba por lo menos muy separado de mi realidad. Conforme con la objetividad científica del tiempo, a mí me enseñaron que si algo era verdadero, ésto podía ser percibido con los cinco sentidos y su exterior podía ser medido. Aprendí que sólo una capa o dos de mi corteza nueva me separaba de los otros animales y que la evolución era un hecho, no una teoría. Desde el punto de vista de mi tradición judeo-cristiana y de la mitología occidental, la condición humana era deprimente. Desterrada del paraíso y manchada con el pecado original, la única oportunidad de redención para la humanidad existía en una fuerza fuera de si misma.

En contraste, mis experiencias en otras dimensiones gradualmente me dieron una perspectiva total diferente acerca de la condición humana. Cada experiencia lúcida nueva representaba una pieza del rompecabezas, hasta que finalmente, durante un viaje a los sitios antiguos de los Andes peruanos, una visión más completa de nuestra condición humana colectiva tomó forma. Pero antes de que pudiera asimilar verdaderamente ésta visión, tuve que buscar muchas avenidas de exploración. Visité a sitios sagrados en Europa y las Islas Británicas —desde Delfos hasta Stonehenge— y, así como los muchos otros entrando a estos campos de energía antiguos, sentí algo palpable pero indefinido. Hasta estudié al arte de zahoría (la práctica de detectar a los campos de energía con una varita bifurcada, especialmente esos asociados con el agua fluyendo bajo la tierra) para refinar mi habilidad de percibir tal energía. Pero, al principio, no podía comprender por entero las relaciones entre los varios fenómenos que estaba experimentando.

Luego, en el medio de los 1980, descubrí a los sitios antiguos de las américas. En un viaje con un antropólogo cultural para aprender acerca del chamanismo en la península de Yucatán (la tierra de los mayas), una experiencia extraordinaria alteró radicalmente mi percepción. Una tarde un grupo de nosotros fuimos a una caverna recién descubierta que había sido usada por los mayas antiguos con un propósito ceremonial. Entramos a una cámara grande, oscura llena con un olor fuerte a copal (una resina de árboles tropicales que era quemada frecuentemente en prácticas ceremoniales antiguas). A medida que mis ojos se acostumbraban, ví a una luz espectacular. En el centro de la cámara había un árbol de estalagmitas con ramas que tocaban el cielo raso de la caverna —una representación del árbol de la vida. Que inspiración asombrosa debe haber sido ésta imagen para los antiguos. Arraigado en el mundo de debajo de la tierra, el árbol se extendía hasta los cielos, como si fuera un puente entre los dos mundos. Alrededor del árbol habían quemadores de copal y otros objetos ceremoniales que me dijeron que habían estado allí, sin ser tocados por cientos de años. La energía era casi intoxicante.

A medida que gateábamos a través de los pasillos estrechos a un arroyo subterráneo, perdí mi conciencia y entré a un estado de sueño en el cual experimenté una iniciación. Entre los toques de tambor y bocanadas de copal ardiendo, yo era el iniciado, un guerrero joven. Mis músculos eran firmes y tensos; mis facciones oscuras y talladas elegantemente, era distintivamente un Maya. Mi cara estaba pintada en colores vívidos y plumas iridiscentes brillantes enmarcaban a mi cabeza. Mientras estaba tendido en la oscuridad, repentinamente ví encima de mí la cara siniestra de un jaguar —la máscara del sumo sacerdote. Tomé lo que yo estaba segura que sería mi último aliento y me entregué, manteniendo firmemente el foco en mi luz interna, como me habían enseñado a hacerlo. A medida que un cuchillo descendía dentro de mi cuerpo, no sentí dolor sino que en vez dí mi corazón enteramente y por completo a la luz, permitiendo a mi conciencia que ascendiera y que se mezclara con la fuerza eterna dentro de la luz. Tan pronto así como había entrado al estado del sueño, así volví a emerger a la realidad normal. Luchando por respirar, recuperé a la conciencia de mi realidad inmediata en el suelo de la caverna. Momentariamente desorientada, no sabía ni quién era ni a donde estaba. Entonces escuché a un hombre hablando acerca de los peces que vivían en el arroyo subterráneo; éstos eran ciegos, dijo él, porque sus antepasados habían experimentado una mutación, al no haber visto nunca la luz. Continué gateando hacia el arroyo, en donde pasé un gran tiempo bebiendo de su agua fresca, dulce.

Por días después de eso estuve agitada por ésta experiencia, que había sido tan vívida que parecía más real que la vida misma. Luego, como cualquier otro sueño, se desvaneció cuando regresé a mi oficina y llené a mi mente con las tareas mundanas de peticiones de divorcios, investigando títulos de bienes raíces, y escribiendo testamentos. Con el tiempo casi me olvidé de mi tarde en la caverna. Años más tarde conocí a don Miguel Ruiz, un *nagual* (chamán mesoamericano) que trazaba a su linaje desde los toltecas antiguos. Las prácticas *naguales,* que todavía se practican en culturas indígenas a través de Mesoamérica, dependen en el dominio de las realidades fuera de lo ordinario. Estaba familiarizada con el término *"nagual"* de las escrituras de Carlos Castañeda, un profesor de antropología que había sido aprendiz de un indio Yaqui chamán de descendencia *nagual.*

Don Miguel Ruiz no se parecía en nada a mi gran concepto de lo que era un *nagual,* alguien a quién yo había imaginado como siendo del otro mundo y que no estaba afectado por la invasión de la cultura moderna. Este *nagual* era un hombrecito mexicano moreno como de unos treinta y algo de años, y vestido como un tipo de L.A. El vestía camisas elegantes de cuello abierto, con cadenas chillonas doradas; cantaba canciones de los Beatles en un Inglés chapurreado y casi incomprensible; y les decía a todo el mundo, que venía a sus conferencias buscando sabiduría, que simplemente "fueran felices." No obstante, el trabajar con él durante los seis años siguientes resultó ser crucial para mi crecimiento espiritual. Entre otras cosas, él me abrió las entradas a otras dimensiones en Teotihuacán, las pirámides famosas cerca de la Ciudad de México, él me enseñó acerca del amor incondicional.

En mi primer viaje a Teotihuacán, estaba en la cima de la Pirámide del Sol con don Miguel, y otro *nagual* joven, y un visitante de los Estados Unidos. Don Miguel y el joven *nagual* estaban haciendo un tipo de ritual, pero no tenía idea de lo que estaban haciendo. Entonces yo ví, para mi gran asombro, que las manos de ellos estaban compuestas de millones de estrellas, de galaxias de luz arremolinadas, la matriz misma del universo. Rápidamente volví la cabeza al lado en incredulidad, pensando que lo que había visto no era posiblemente cierto. Sin embargo, cuando volví a mirar, ví la misma visión.

Después de irnos de la pirámide, los cuatro nosotros nos quedamos despiertos hasta tarde en la noche hablando acerca de nuestra experiencia en las ruinas. Don Miguel me había puesto todo el día a hacer ejercicios de entrenamiento específicos, prácticas diseñadas para ayudarme a aflojar mi apretón de la realidad ordinaria y a animar a la percepción fuera de lo ordinario. Empujándome a lo que no era familiar, él me había provocado deliberadamente en varias ocasiones, desafiando a la forma en que yo pienso acerca de las cosas y haciéndome sentir estúpida e incómoda. Y yo estaba enojada de la manera en que él seguía apretando a mis botones con conducta que parecía ser completamente tonta.

Cansada e inmersa en una confusión interna, miré a don Miguel mientras él estaba sentado a la par mía y no ví nada más que amor incondicional. En ese momento me dí cuenta que él me amaría inequívocamente mientras yo estaba luchando por librarme de mis ilusiones. Y aunque por meses después mi mente periódicamente me convencía de la imposibilidad de haber visto manos como galaxias de luz arremolinadas, yo sé ahora que yo ví a los *naguales* así como son ellos verdaderamente, y que yo también estoy hecha de galaxias de luz arremolinadas. Continué luchando contra ésta revelación con toda la resistencia que mi mente racional podía mostrar hasta que la verdad eventualmente comprobó ser más poderosa que la razón.

Después de éste primer viaje a Teotihuacán, las fundaciones de mi mundo empezaron a desenredarse. Una relación de largo tiempo se derrumbó, y la vida parecía no tener sentido. Por años sufrí cambios de percepción radicales y de desequilibrio emocional. Después de pasar experiencias trascendentales me derrumbaba en desesperación. Me tomó un tiempo el llegar a comprender que los encuentros que estaba teniendo con campos brillantes de luz, estaban revelando simultáneamente mi propia oscuridad que estaba escondida. Posteriormente integrando a éste comprendimiento en mi percepción de la realidad cotidiana demostró ser aún más desafiante todavía.

Eventualmente, aprendí que el sistema de creencias *naguales* contiene herramientas para ayudar con tal integración. Una de éstas es el acecho. El acecho, así como implica el término, es el proceso de ir tras la presa. De acuerdo a la tradición *nagual,* nuestra presa más grande es nuestra mente —especialmente nuestras creencias limitadas y nuestro aspectos inconcientes del sí mismo. Nosotros acechamos para poder traer a estos elementos a la conciencia, para aumentar el conocimiento de nosotros mismos. Muchos talleres y libros describen técnicas para el acecho; las que yo usé consistían en el examinar a mis emociones y a los patrones de pensamientos, aprendiendo a rastrearlos hasta sus fuentes, y eliminando a los que ya no me servían más —por lo tanto, reclamando a la energía que había perdido a través de conductas ineficaces.

Después de uno de mis previos derrumbes a la desesperación, decidí que viajaría a la India para experimentar la energía de los grandes maestros, los contemporarios más cercanos que tenemos que son los equivalentes de la idea antigua del hombre-dios (un ser divino en forma humana). Un día de invierno, despues de un viaje de 24 horas en bus desde Nueva Delhi, arribé a Dahramsala, el centro del gobierno exilado del Tibet, en una bella región montañosa en la base de las Himalayas. Allí, por una buena suerte increíble, logré conseguir una audiencia con el H. H. Dalai Lama. En la tarde de la audiencia, el patio del monasterio en donde él vive estaba lleno de visitantes y de monjes con togas rojas. Esperamos en silencio (con un entusiasmo que aumentaba) por lo que parecía ser como horas. Repentinamente, despues de un estallido de vestidumbre colorida, el H. H. Dalai Lama apareció. A pesar de la pompa y circunstancia exterior, el caminaba tímidamente y humildemente entre nosotros, como si se preguntara sinceramente él porqué de tanto alboroto. Entonces él empezó a otorgar bendiciones. Cuando él me bendijo, sentí inmediatamente una transmisión de energía y un estado inimaginable de claridad mental.

Mis experiencias en la India me convencieron que esos hombres-dioses no son solo seres míticos sino que también humanos que demuestran un alto nivel de funcionamiento espiritual y tienen capacidades extraordinarias. Tales seres nos enseñan, así como semillas de dios latentes, lo que es nuestro potencial verdadero. Es mi creencia que las habilidades que parecían remarcables en los hombres dioses son potenciales innatas que están en todos nosotros y que en un futuro cercano serán ampliamente más accesibles a la humanidad.

En el sur de la India, cerca de Bangalore, estuve parada dentro del campo de energía del hombre dios luminoso conocido como Sai Baba, cuya aura radiante puede ser vista desde cuadras lejanas. No sólo podía ver su campo energético enorme, sino que por meses después me sentí perforada por su amor penetrante. Más al sur visité a uno de los sitios de peregrinaje más famosos de la India —la montaña sagrada de Arunacula.

Por todo alrededor de la base de la montaña existen cavernas en donde santos y hombres sagrados conocidos como *sadhus* viven y meditan por décadas a la vez. Entrar a una de esas cavernas es como el entrar dentro de un cristal programado en alta frecuencia. Mi conciencia se desplazó, mi mente se quedó muy tranquila, y mi percepción se intensificó.

Como resultado de mis viajes en los países hindúes y budistas, y en las culturas chamánicas de las américas, y en mis años experimentando realidades fuera de lo ordinario, he llegado a comprender que la realidad que yo percibo rutinariamente y con la que me relacionó es sólo un sueño —una visión del mundo que está formada y comunicada culturalmente con la que todos estamos de acuerdo. Los aspectos tangibles de este punto de vista consensual están arraigados en un mundo de tres dimensiones y en un tiempo linear, resultando en una percepción del espacio/tiempo que es previsible, que se puede medir, y que es objetiva. Más allá de éste continuo del espacio/tiempo existen otras realidades. El micro mundo de la física cuántica, el macro mundo de las interacciones galácticas, el tiempo de soñar de los Aborígenes australianos, y muchos estados místicos, todos parecen desafiar las leyes de la Física newtoniana.

He llegado darme cuenta que *todos* los humanos tienen la habilidad de funcionar dentro de realidades múltiples. Así como los hombres dioses legendarios, todos somos seres multidimensionales que podemos aprender no sólo a percibir realidades múltiples y simultáneas sino que también a funcionar en los mundos superiores que nos abren estas percepciones.

❀

Desde mi visita inicial con don Miguel Ruiz he ido a Teotihuacán muchas veces. Fué allí —en un sitio conocido como "el lugar en donde el hombre se convierten en Dios"— que hace varios años me desperté a lo que llamo "la luz angelical." Estaba sentada en la cima de la Pirámide de la Luna, mirando a la muchedumbre pasar de la ciudadela a las pirámides a lo largo de la Avenida de los Muertos. La luz ese día estaba clara y altamente refinada. Repentinamente, la luz empezó a comunicarse conmigo en la forma de imágenes y palabras viajando en patrones parecidos a ondas. Con cada onda vino una conciencia realzada que me dió información y alteró mi visión del mundo. Dejé de existir como una entidad separada y en vez yo era parte de una totalidad intacta. Empecé a fundirme con la luz angelical, entregándome concientemente a la lucidez que se apoderó de mí. Mientras que en todo tiempo estaba conciente de estar sentada en la cima de la pirámide, al mismo tiempo también podía sentirme a mí misma extendiéndome más allá de los confines de mi cuerpo. La luz con la cual me había fundido intra-penetró a mi cuerpo, pero yo no era mi cuerpo. Yo me había convertido en una con la fuerza colectiva de la luz cósmica —una onda de información galáctica en la forma de luz pura— la cual, como en un acto de amor puro, intra-penetra a este planeta.

Es más, durante ésta experiencia me dí cuenta que ésta onda de luz es todo lo que he sido y que todo lo demás es una ilusión. Ví las cosas así como son desde el punto de vista de la luz que engendra a toda la conciencia. Comprendí que soy simplemente una proyección —un pensamiento en forma, un aspecto de la fuerza colectiva de la luz que por elección está encerrada en la materia.

En este estado de conciencia realizada, sentí lo inevitable de la luz prevaleciendo sobre éste planeta. También percibí el desplegamiento de una orden superior de lo que podía ser un holograma cósmico, comprendiendo que toda la materia será elevada a niveles de conciencia de los que no se han soñado todavía. Presencié ondas y ondas de la fuerza de luz cósmica conquistadora gentilmente descendiendo y entrando en forma, transformando a nuestro mundo para siempre. Ví a la realidad primordial así como existe en su totalidad intacta que acarrea la intención y supe que yo era simplemente una reflexión de ésta intención superior. En breve, ahora sí ví al mundo a través de ojos nuevos —la forma en que nos ven a nosotros los reinos angélicos y las fuerzas superiores que ellos representan. Lo único que yo sabía era que en lo profundo de mi ser, en la misma estructura de mi ADN, algo que estaba escondido de por tiempos había despertado. Estaba brotando.

La lucidez que experimenté en la Pirámide de la Luna, marcó un momento decisivo en mi vida. Mi visión mundial y la percepción de mí misma se habían desplazado dramática e inalterablemente. Habiéndome dado cuenta que era parte de una conciencia más grande, me empecé a abrir a niveles nuevos de mi multi-dimensionalidad inherente.

Más tarde en ese año, tuve la oportunidad de visitar al Machu Picchu, la magnifica ciudadela templo de los Incas antiguos, ubicada a 50 millas del noroeste de Cuzco, Perú. En ese tiempo, yo no sabía nada acerca de los incas o de sus profecías. Ya sea por el destino o por coincidencia, llegué a Machu Picchu en un tiempo muy interesante. Los incendios de la selva recientemente habían devastado a las montañas de alrededor pero milagrosamente habían parado en la base de las ruinas. Los incendios no solamente trajeron una limpiada física al paisaje, sino que también una limpiada espiritual muy grande, y aparentemente mucho más que eso. Un *pag'o* (chamán), nos dijo que desde la limpieza de las montañas sagradas que rodean al Machu Picchu, muchos portales de campos de energía se habían abierto recientemente.

Para los incas antiguos, así también como para muchas de la gente indígena de alrededor del mundo, éstas entradas eran mucho más que una metáfora, éstas eran una *realidad viviente*, y su presencia se sintió en muchas dimensiones al mismo tiempo. Allí por el 1525 d.C., los incas habían determinado que su acceso a los mundos superiores de frecuencias más refinadas, o a los campos de luz, se estaba disminuyendo. Posiblemente ellos entendían que las frecuencias de la materia estaban disminuyendo su velocidad, y el jalón de un mundo material que se hacía cada vez más denso, estaba limitando su acceso a los mundos superiores. Ellos es referían a este cambio como al cierre de las entradas. Interesantemente para ellos éstas entradas no eran solamente entradas celestiales sino que también entradas a sus conciencias individuales superiores.

Después de muchas experiencias personales y de investigaciones de eventos históricos, he llegado a creer que debido a la convergencia de varias circunstancias terrestres y galácticas, las entradas para atravesar las dimensiones se están abriendo otra vez. Una nueva orden, que está invitando al potencial humano aumentado, se ha empezado a desplegar.

Durante una noche en Machu Picchu, bajo un firmamento lleno de estrellas brillantes, pasé a través de una de esas entradas antiguas, descubriendo que, siendo luz pura, yo era eterna y sin limites. En este estado de lucidez, comprendí que no estaba separada del resto de la creación, que tal separación es verdaderamente una ilusión, y que soy nada más que un expresión única de un todo dinámico. Ésta no era información nueva, pero debido a que la percibí en forma energética, la comprendí con tal profundidad que con mi mente sola nunca lo hubiese logrado.

En mi último día en Perú, fuí a un lugar antiguo llamado la Puerta de Muru —allá lejos por la región del Lago Titicaca cerca de la frontera con Bolivia, un área reconocida como la del origen de los niños míticos de la luz. En el camino hacia allá, Jorge, nuestro guía nativo, nos contó la historia del legendario Amanumuru —un gran hombre dios quién un dia camino a través de un portal conocido como la Entrada de Muru y regresó a su hogar celestial. La historia desató dentro de mí emociones tan profundas que hicieron que gritara también el deseo de regresar a casa. Por décadas, después de mis primeras experiencias en las dimensiones superiores, la re-entrada a la realidad ordinaria con frecuencia se me hizo difícil. A veces, estaba cansada del mundo, demasiado conciente de la dureza y la crueldad de las circunstancias humanas. Aunque comprendía de una manera vaga que yo era un ser multidimensional, sentía que un aspecto de mi luz venía desde afuera, lejos de este sistema planetario. Anhelaba fundirme con la fuente de la conciencia misma. Era claro que todavía no había asentado a mi multidimensionalidad.

La Entrada de Muru es una hendidura rectangular tallada en una gran placa vertical de piedra que tiene una pequeña hendidura circular en el centro. Cuando uno está parado en ésta entrada, el ombligo de uno se alinea con en círculo del centro, que mira al Lago Titicaca y se alinea directamente con la Isla del Sol (una isla en el medio del lago que se cree que es la fuente de toda la vida). Aunque el paisaje de piedras rojas del área es parecido a los afloramientos espectaculares que se encuentran alrededor de mi vivienda actual en el norte de Nuevo México, nunca había experimentado un paisaje de tal poder mítico como lo que presencié ese día cerca del Lago Titicaca.

A mi alrededor habían esculturas naturales que representaba simbólicamente a la transformación de la semilla humana. Primero escalamos la superficie de una piedra ondulante de 100 pies de ancho; que se parecía al cuerpo de una culebra, representando al primer nivel de la realidad andina: el bajo mundo. Luego, nos deslizamos en piedras moldeadas con la forma de la espalda de un puma, que significaban el segundo nivel de la realidad andina: el mundo de la manifestación. Luego entramos a un valle pequeño en donde una formación natural de piedras representaba a una oruga gigante esperando a la metamorfosis. En lo alto de los acantilados al otro lado del valle estaba una piedra espectacular en la forma de una mariposa ascendiendo al cielo azul celeste.

El campo de energía de ultra mundo que está alrededor de la Entrada de Muru induce a estados de trance. Así que me paré en la entrada, extendí mis brazos en línea recta a los lados y puse mi vientre en el círculo del centro. Parada allí en forma de una cruz, empecé a ver jeroglíficos e imágenes brillantes. Comprendí que éstos eran un vistazo fugaz de como somos percibidos por los grandes Elohim —los hombres dioses del pasado mítico, los ángeles mayores de la tradición judeo-cristiana quienes le dieron una forma a la conciencia espiritual. Ví a los semilleros hermosos que representan a la conciencia evolucionaria de la humanidad. Percibí al gran amor y a la benevolencia con la que los hombres dioses cuidan a su jardín, y de como ellos irradian con la luz divina más pura a los grupos de semillas de dios luminosas que componen a la humanidad. Presencié como ellos han alimentado nuestro crecimiento por un tiempo que es casi inconmensurable, y la gran alegría que ellos sienten cuando una semilla brota finalmente.

Después de años de tropezarme ciegamente en la oscuridad, me orienté lentamente en éste dominio más lúcido de la humanidad multidimensional. Para integrar a mi conciencia nueva, tuve que renunciar a las creencias falsas que tenia arraigadas acerca de mi mundo y de mí misma. Con el tiempo vine a comprender que un capítulo nuevo de la historia de la humanidad se está desplegando —un segmento del cual está expresado en las mitologías de los pueblos antiguos de alrededor del planeta.

Así como fué predicho en los textos y en las profecías antiguas, las culturas que no son indígenas ahora están empezando a percibir lo que las culturas antiguas habían aceptado. Los pioneros de la ciencia y de los estudios de la conciencia humana están aumentando nuestro entendimiento del potencial humano. Descubrimientos nuevos en la física cuántica y la cosmología están ampliando nuestro entendimiento de las capacidades humanas y del universo mismo.

De por cierto hay algo nuevo bajo el sol —una dinámica diferente que se está desplegando en la historia humana. Un orden superior está empezando a moldear de nuevo a ambas nuestra perspectiva del mundo y a nuestra vista acerca de nosotros mismos. Así como predijeron los antiguos, *la semilla de dios humana está empezando a despertar.*

INTRODUCCIÓN

Vivimos en un tiempo descrito por el reconocido mitólogo Joseph Campbell como, "una morrana terminal de mitos y de símbolos míticos." Solo nos han quedado fragmentos de los rituales y símbolos que en alguna vez le dieron sentido a la existencia humana. Las historias antiguas que contamos acerca de nosotros ya no inspiran ni animan por que están desconectadas de un sistema entero de creencias y prácticas. En breve, los dioses antiguos están muertos. Sin embargo, viéndolo por el lado bueno, los nuevos están empezando a emerger.

Vistazos de las formas que tomarán éstos dioses nuevos se pueden encontrar en muchas de las mitologías primitivas, incluyendo a esas que se originaron en Egipto, África, Tibet, y otras partes de Asia; entre los indios Hopi de los Estados Unidos; y en otras porciones de las américas. Estos mitos culturales, a diferencia de las doctrinas religiosas modernas; no proclaman ser "la verdad" para toda la gente de todos los tiempos. Al contrario, hay indicaciones que las culturas primitivas sabían que cada una tenia una *pieza* de la verdad, el todo de la cual sería tejido en conjunto con una multitud de hebras diferentes. También se ha sugerido que las ideas que están germinando simultáneamente en lugares diversos, eventualmente iban a tener una polinización cruzada, enriqueciendo a toda la humanidad. Por ahora, mientras las brisas cargadas de polen continúen soplando, la única cosa que queda segura es: *que todas las mitologías mundiales reflejan lo divino.*

Este libro presenta un vistazo de la existencia humana vista a través del lente de la gente primitiva que poblaban a Mesoamérica y a Perú, en particular los mayas y los incas —un lente que servirá como un portal útil para ver a la Nueva Era que viene. ¿Por qué Mesoamérica y Perú? En parte, porque los mitos y las profecías de estas culturas antiguas enigmáticas son discutidos raramente o erróneamente y se merecen una exposición más grande. Y más importante, porque su perspectiva parece jugar un papel formativo en el despliegue actual de la conciencia humana.

Ciertamente, la idea de una semilla de dios humana es apenas considerada única por los Mayas y por los Incas. Muchas de las culturas primitivas se vieron a sí mismas como los niños de la luz. Lo que *sí* es único acerca de su idea fecunda de que los seres humanos fueron engendrados por divinidad, es la revisión ecléctica nueva del sueño humano que está engendrando. La investigación que está surgiendo de tales dominios diversos así como la física cuántica, la cosmología, la holografía y el estudio de la conciencia humana, sugieren que estamos en el medio de una re-estructuración masiva, alterando ambas a nuestra percepción de la realidad tanto como a nuestro papel en su formación.

Es este parecer nuevo de la realidad que nos informa que somos parte de un todo más grande; que existimos como campos dentro de campos de energías que están aumentando en su refinamiento; que al final somos seres de luz, semillas de un árbol de conciencia divina que llena al cosmos en su totalidad. Asimismo, los mitos de los mayas y de los incas nos dicen que hace mucho tiempo la conciencia divina fué sembrada en este planeta, el tercero desde el sol, creando el prodigio de un linaje divino antiguo. Sintetizando a los comprendimientos antiguos con los descubrimientos nuevos, aprendemos que los códigos para despertar nuestro patrimonio ancestral —a saber, nuestra luz interna— pueden yacer escondidos dentro de la estructura de nuestro ADN. Una por una, a medida que empezamos a recordar quienes somos, va a surgir una conciencia nueva. Entonces, tan pronto que ésta revisión alcance una masa crítica, se va a desencadenar un salto evolucionario hacia especies humanas nuevas —el anhelado ser humano espiritual, cuánticamente dotado, conocido por las civilizaciones antiguas como el niño de la luz. Por todo este libro, me refiero a este ser humano nuevo como a la semilla de dios.

¿Ahora en donde estamos nosotros dentro de ésta aventura que se está revelando? Estamos entrando a la era marcada por un milenio nuevo, una nueva era, y un periodo nuevo precedente. Replazando la visión mundial que se está desvaneciendo de que el espacio tridimensional no cambia dentro del tiempo continuo, está una visión mundial revolucionaria que nos dice que existimos en un estado dinámico de "una totalidad intacta." En otras palabras, asi como verán en las páginas siguientes, todos nosotros vamos de camino hacia una transformación colectiva.

Aunque este libro contiene documentación abundante, yo no soy una erudita. Simplemente, mi propósito ha sido el de sintetizar la información de una variedad de fuentes. Como tal, la mejor manera de abordar el libro es como a un tapiz narrativo infundido con hechos, transmisiones orales, e imaginación humana.

Para entender la historia de la semilla de dios humana —un arquetipo, o una copia del plano para el desarrollo de la conciencia humana— primero tenemos que pasar por unas entradas conceptuales. En el cápitulo 1 vamos a dejar atrás el destello y el glamur de nuestra sociedad materialista y nosotros mismos nos vamos a meter de lleno en un mundo animado con actividad chamánica. Éste capitulo cuenta la historia de la semilla de dios desde la perspectiva de una joven sacerdotisa Inca llamada Wayu —una *mamacona,* o Virgen del Sol (las mujeres discípulas de las artes antiguas que servían a la *pachamama,* o Madre Cósmica)— que vivió hace como 500 años en la ciudadela alta de los andes peruanos a la que ahora llamamos Machu Picchu. La información que inspira la historia de Wayu está sacada de ambas, fuentes mitológicas tanto como históricas, y es leido mejor no tanto por sus detalles sino que por su sentido general de perspectiva.

Como descubrirán rápidamente, el mundo de Wayu era multidimensional. Ella percibía a toda la materia como conciencia y podía ver energía dentro de las formas. Estas facultades, junto con su capacidad de funcionar en varias realidades al mismo tiempo, surgieron como un resultado de su entrenamiento. Más importante, era que ella comprendía que ella era una semilla de dios, una niña de la luz. Habiendose conectado con la visión de sus antepasados de un mundo que era espiritualmente animado, ella logró el sostenerse a sí misma en los años que se acercaban al d.C. 1525 —una era de crisis en el Imperio Inca, un tiempo de *pachacuti* o de cambio rápido. La palabra inca *pacha* quiere decir ambos "el mundo" y "el tiempo," mientras que *cuti* se define como "volcar." Y en verdad, el mundo de Wayu, muy parecido al de nosotros, estaba a punto de ser transformado radicalmente.

El capítulo 1 los va a sumergir en mitología, y espero que les cause un cambio correspondiente en la visión general del mundo que ustedes tienen. El capítulo 2 ve quienes eran en verdad los Incas y los Mayas. Con la ayuda de disciplinas nuevas como la arqueoastronomía, éste capítulo disipa a estereotipos comunes y a malentendidos acerca de éstas culturas antiguas y se enfoca en los aspectos de sus enseñanzas, que crean una versión nueva y poderosa de la historia de la creación humana.

El capítulo 3 es el más largo, y en ciertas formas, es el capítulo más crucial del libro. Este le da al lector un comprendimiento a fondo de los conceptos así como de las edades del mundo y de la correspondencia sagrada que son criticas para el entendimiento de las co-relaciones hacia el surgimiento de las ciencias nuevas y las aplicaciones espirituales que se encuentran más adelante en el libro. Tománse su tiempo, tengan paciencia, y lean con el entendimiento que lo que están aprendiendo eventualmente les ayudará a acceder a las aplicaciones modernas de la sabiduría antigua.

En contraste con la actual propaganda "hype" y con la ansiedad que rodean a la venida del nuevo milenio, las enseñanzas místicas antiguas de los Andes altos son enseñanzas positivas y prácticas basadas en un entendimiento de los seres humanos como seres engendrados de la luz. El capítulo 4 examina a esas profecías andinas para la Nueva Era, una nueva era mundial que está amaneciendo ahora y de ciclos del tiempo que son mas largos y mas significantes que cualquier otra cosa que nuestra cultura moderna haya conocido.

El capítulo 5 trae al enfoque los descubrimientos de la física cuántica y de las otras ciencias nuevas, en la luz de las enseñanzas antiguas.

Estamos entrando a una era que ofrece el potencial para una gran transformación de la conciencia humana, y necesitamos entender que es lo que significa el despertarse como verdaderos seres cuánticos —el funcionar en una realidad que no es ordinaria, que es nuestro derecho de nacimiento individual y colectivo. El capítulo 6 destaca a los sitios sagrados de al rededor del mundo asi como herramientas de transformación, enfocándose en cual era el propósito de sus usos y de como ellos asientan a nuestra experiencia dentro del contexto poderosos del mito.

Finalmente, tenemos la oportunidad con la venida de esta Nueva Era, de que nos volvamos a imaginar de nuevo a nosotros mismos como especies humanas. En el capítulo 7, espero que ustedes verán que *quiénes* somos nosotros y lo *que* estamos supuestos a lograr es más emocionante que cualquier otra cosa que ustedes hayan podido considerar.

EL MITO DE LA SEMILLA

Las semillas que fueron a través de miríadas de tiempo,
Penetrando universos de capas
Hasta que encontraron su camino hacia arenas fértiles
A la orilla del agua.

Allí ellas echaron raíces
Debajo del sol ardiente
Y esperaron a través de la noche oscura y violenta
Hasta que, besadas por una luz primaveral nueva, se
    despertaron.

Una semilla despertó,
y sacando desde la profundidad de su pasado oculto,
La semilla dió una vida nueva.
La luz de su esencia tomó forma.

Desde un potencial puro, la forma saltó a un ser.
A donde había existido esterilidad, había vida.
Y a medida que las semillas de dios se despertaban una
    a una
La tierra cantó en su delicia.

Y así fué que pasó,

Que este mundo fué transformado.
Y las semillas enviaron as su muchas progenies a la deriva—
Semillas de Dios en busca de un terreno fértil
Semillas de Dios de una frecuencia nueva de luz.

1

LOS GUARDIANES
DE LA SEMILLA

Wayu se había quedado dormida. El sol iba a salir pronto. Rápidamente cogió su túnica turquesa, arregló su pelo largo, oscuro en orden, y se apresuró a unirse con los otros en el patio. Allí, solo quedaban las brasas del fuego, y el aire de la mañana estaba frío todavía. Ella deseó el haber tomado la manta cálida de alpaca que había dejado atrás en su precipitación. La Anciana ya estaba en oración profunda. Wayu tomó su posición postrada en la dirección del primer rayo de luz, que era la luz más pura, esperando que sus oraciones al Creador, Wiraccocha, fueran escuchadas.

La Anciana empezó:

Wiraccocha
Oye nuestras oraciones.
Gritamos hacia a ti.
Nuestros corazones son un corazón.
No nos abandones.

Wiraccocha
Somos tus niños,
Tus niños de la luz.
Nos entregamos a tu voluntad.

Mientras la luz penetraba en la ciudadela conocida por los extranjeros como Machu Picchu, ubicada en la alta y remota meseta arriba del valle sagrado, las montañas se despertaron y tomaron su forma, irradiando capas de verde esmeralda vívido y extendiéndose hacia arriba, abrazando a un cielo azul celeste nebuloso. Primero Machu Picchu, luego Wayna Picchu y las otras montañas sagradas se revelaron. Mientras que los primeros rayos danzaban en las cimas de las montañas, el aura carmesí del Padre Sol se elevó arriba de la puerta del sol. Levantando a su cabeza después de la oración, Wayu se paralizó al ver el resplandor amoroso del sol quemando a través de la puerta de la montaña vieja. La luz penetró su corazón con su pureza mientras el Padre Sol respondía, bendiciéndola con su amor.

Ella se paró ahora con los otros, con la cara hacia al ascenso del Padre Sol, escuchando atentamente a los ritmos internos. ¿Qué fué lo que ella había visto en sus sueños? Ella estaba con su Dador de Luz, su maestro y su cuidandero. Ellos estaban en el río sagrado, abajo en la orilla de la selva. Ella se volteó y encontró a su Dador de Luz mirándola fijamente. Pero ahora ella no estaba segura del significado de su sueño. Ella lo iba a discutir más tarde con su Dador de Luz.

El ritual matutino pronto se completó. Al igual que los otros iniciados, Wayu no tenía tiempo de entretenerse después que el Padre Sol se despertaba. Se apresuró a completar sus oficios y a prepararse para las lecciones del día. Primero, tenía que ir a traer agua del corazón del espíritu del agua. A medida que caminaba rápidamente, ella se movía con una elegancia más allá de sus años, su constitución delicada apenas tocaba el camino bien usado. Aunque todavía era una niña, ella era alta y elegante. Sus facciones finamente talladas tenían las características del linaje real (Inca): pómulos resaltados, pelo color de ébano, ojos oscuros penetrantes, y una frente marcada por la determinación. Sin embargo algo la diferenciaba. Ella irradiaba un aura poco común como de otro mundo.

Asi que Wayu pasaba por la primera terraza, ella se detuvo brevemente, dándole gracias al espíritu del agua por la vida que el agua proveía. Pronto llegaría el tiempo de sembrar, y en los ojos de su mente, Wayu vió a las semillas comenzando a desplegarse, los retoños jóvenes de maíz elevándose hacia el sol. Ella sabía que el maíz volvería a crecer alto y a brillar en la luz de la mañana, y que en breve habría una semilla nueva —todo era parte del ciclo anual.

Las capas de terrazas formaban la pared occidental de la ciudadela. Estaban hechas de bloques de piedra extraídos finamente, sin mortero. Cada bloque de granito encajaba perfectamente con el siguiente, de acuerdo con la costumbre inca. Algunas terrazas iban a plantadarse con maíz, otras con quinua, y todavía otras con papas —todos estos eran cultivos sagrados que Wiraccocha se los había dado a la gente de Wayu.

Un canal de piedra capturaba al manantial sin encauzar que caía abajo por la ladera de terrazas. El río estaba a 2,000 pies abajo de la ciudadela, pero era el manantial sagrado cerca del Templo del Sol, que fluía sin terminar, el que traía el regalo del agua, de la vida desde bien abajo del río. Una cascada de agua pequeña se escurría dentro de la cuenca forrada de bloques. Calentada por el sol, bendecida por el agua, Wayu se arrodilló ante la cascada, conectando su corazón con el corazón del agua fluyente, y luego lentamente llenó a la jarra finamente grabada, que acarreaba. Ella sabía que el agua era un regalo de la Madre Cósmica, la *pachamama*.

Balanceando cuidadosamente la jarra, Wayu se volteó de frente a la montaña guardiana, su amada Putucusi. Ya la luz de la mañana llenaba el aura de Putucusi de colores vívidos. Cerrando sus ojos, ella experimento otra vez la luz de su amada guardiana, viendo a la misma miríada de colores dentro de sí. Abriendo sus ojos, Wayu aspiró y espiró lentamente, mandando luz brillante desde su corazón hacia fuera a la *pachamama* y a Putucusi.

Cada niño de la luz en la tradición Inca tenía una montaña guardiana, su *apu* personal ó espíritu de la montaña. Wayu habia sabido desde el primer día que llegó a la residencia de las *mamaconas* (Machu Picchu) que Putucusi era su *apu*. Elevándose majestuosamente desde abajo en la selva, y de un verde exuberante, impregnando a los alrededores con su energía vital, Putucusi parecía que tocaba a las nubes que flotaban encima de la ciudadela alta. Era sin un esfuerzo para Wayu el disolverse dentro del corazón de Putucusi, el escuchar desde el profundo interior de su *apu* a las enseñanzas especiales de la montaña. Aún cuando era pequeña Wayu había podido escuchar atentamente a los mensajes de la Madre Cósmica.

La ciudadela sagrada de Machu Picchu era una escuela especial y era la residencia para las Vírgenes del Sol más sagradas, las *mamaconas,* que estaban siendo entrenadas para servir a la *pachamama.* Machu Picchu era la escuela de *mamacona*s mas élite de todas las escuelas, pero era mucho más que eso. Estas sacerdotisas jóvenes eran las últimas de un linaje antiguo que se extendía desde el principio del tiempo. Ellas eran las guardianas de las costumbres antiguas, la semilla sagrada misma.

El entrenamiento de las *mamacona*s era exacto y profundo. Así como todas las sacerdotisas jóvenes, Wayu estaba siendo entrenada en el uso apropiado de los vehículos receptivos, los sentidos internos que llevan al desarrollo de la intuición, del conocimiento profundo y de las artes sagradas. Siendo una tejedora fina, ahora ella estaba aprendiendo los símbolos sagrados que eran incorporados en los tejidos. Ya ella sabía las oraciones para la preparación de las comidas rituales —pasteles de maíz y *cholla,* la bebida ceremonial hecha de maíz fermentado. Ella también había llegado a dominar los sistemas sagrados de números y podía leer los mapas celestiales, que trazaban las danzas de los animales sagrados y de los dioses por todo el cielo nocturno. Además, las más selectas de entre la *mamaconas,* incluyendo a Wayu, eran entrenadas en el arte de hablar sin palabras, el arte de escuchar atentamente a la Madre Cósmica.

Aunque pasarían muchos años antes de que ella pudiera caminar en los pasos de La Anciana, la que viajaba a las estrellas y sabía el lenguaje silencioso de los dioses, la joven Wayu demostraba una gran promesa.

Wayu le hechó una mirada a la puerta del sol, el corte en la montaña de donde el sendero para bajar al valle comenzaba. Era el punto en donde los grandes picos que rodeaban a la ciudadela se abrían en un círculo. El Padre Sol ahora estaba distanciado de la puerta del sol, y Wayu tenía que apresurarse para llegar a tiempo a sus lecciones.

Aún las más jóvenes entre las sacerdotisas sabían las historias antiguas.

Y la historia más venerada de todas era la del descenso de Wiraccocha, el Dios Creador. Fué dicho que al principio, mucho antes del tiempo de los iluminados del linaje de Wayu, Wiracchocha creó primero a un mundo oscuro. Para poblar a este nuevo mundo, él creó entonces una raza de gigantes, ordenándoles que vivieran en paz y que le sirvieran a él. Pero ellos no le obedecieron, así que él los tornó en piedras y mandó una gran inundación llamada el *uru pachacuti* para que transformar a su mundo.

Wiraccocha pobló al mundo otra vez , ésta vez creando lámparas para darles luz a la gente. Esta creación ocurrió en el lugar más sagrado del mundo inca, el Lago Titicaca. Allí, Wiraccocha mandó al sol, a la luna, y a las estrellas que surgieran del lago hasta arriba en los cielos para que iluminaran el camino de la gente nueva. Luego, Wiraccocha envió a un ser, creado en su ímagen, como su mensajero, y cuando éste ser vino al mundo él trajo un saco lleno de regalos para la gente. Este Wiraccocha nuevo tenía grandes poderes: este ser era capaz de transformar la forma de la tierra y de darle vida a toda las gente y a todos los animales.

El Wiraccocha "mensajero" fué a un lugar conocido como Tiahuanaco, el lugar sagrado de los principios que estaba cerca de las orillas del Lago Titicaca. Allí él creó un diseño en piedra para toda la gente a la que él planeaba llamar y alimentar en un nuevo mundo de luz. Después, él viajó por los caminos de la meseta alta en la montaña y llamó a la gente nueva para que surgiera de sus *paqarinas,* sus lugares de origen sagrado, y que poblaran al nuevo mundo. Al sonido de su voz, las entradas se abrieron y la gente salieron —unos por entradas sagradas, otros por los lagos, otros por las cavernas, por los manantiales, y por los árboles. A cada grupo le dió un traje, un lenguaje, semillas, y canciones sagradas. Además, él les dió a la gente nueva los nombres de los árboles, las flores, y las frutas —diciéndoles cuáles eran para comer y cuáles eran para sanar.

Wiraccocha les advirtió a la gente nueva que fueran buenos, amorosos y que no le hicieran daño a los otros. Después, les enseño a como cultivar la tierra, como hacer terrazas en la tierra, a irrigar y a plantar los cultivos sagrados de maíz, de papas, y de coca. Y les dió artes sagradas como el tejido y la alfarería. Antes de dejar a este mundo, Wiraccocha les dió a la gente de Ollantaytambo quienes vivían en lo alto del valle sagrado, su báculo que estaba grabado con todo su conocimiento, Debido a este gran regalo, el pueblo prosperó. Fué en Ollantaytambo que apareció el primer Inca, Manco Capac (el iluminado).

Cuando Manco Capac nació, el báculo de Wiraccocha se tornó en oro, y los primeros incas —cuatro hermanos y cuatro hermanas— siguieron al río sagrado de Vilcanota desde el Lago Titicaca y aparecieron de la casa del amanecer cerca de Ollantaytambo. En el momento de su aparición, ellos fueron engendrados por un rayo especial dorado del gran sol, iluminándolos y haciendo que a ellos los llamaran los "niños del sol."

❈

Habían pasado varios años desde que Wayu y las otras *mamaconas* habían hecho un peregrinaje en el sendero largo, alto y que atravesaba el valle hacia el lugar del Pacaritanpu (el lugar de la aparición). Era una jornada ardua, a través de los senderos de la montaña alta que flanqueaban al río impresionante. A lo largo del camino ellas habían descansado en los muchos lugares sagrados que estaban esparcidos a través del valle. Para Wayu, la parte más espectacular del peregrinaje había sido el ver a la ímagen de Wiraccocha que los ancestros habían tallado en la montaña sagrada cerca de Ollantaytambo. Presenciando su gran cabeza de piedra despertada en una inundación de luz, ella había experimentado como el hombre dios cuidaba de su gente. Ella y las otras *mamaconas* habían visto a la primera luz del sol del solsticio iluminar a la chacra de la corona de Wiraccocha y habían recibido su bendición especial a medida que éste gran hombre dios se había despertado. En ese instante ella sintió en lo profundo de sí misma algo conmovedor que ella nunca olvidó.

Wayu y las otras habían viajado al lugar mismo del origen de sus gentes, la casa del amanecer, la gran pirámide escondida de donde el primer Inca apareció. Ella había tocado a los campos de luz de las *paqarinas* de donde sus ancestros, los Incas reales, habían aparecido. Wayu comprendió el poder de su linaje, que venía directamente de Wiraccocha. Por sus venas corría la sangre de los grandes gobernantes incas, desde el Inca Manco Capac hasta el Huayna Capac. Ella sabía que no había nada más poderoso que la sangre real, la herencia vital de la descendencia directa. Su gente había sido escogida especialmente por Wiraccocha para que acarrearan a las semillas de luz. Ellos fueron creados para caminar en dos mundos: el mundo de la forma y el mundo de la luz. Los códigos del despertar eran mantenidos dentro de lo profundo de las semillas, y el propósito de su gente era la de viajar por los caminos de las grandes iniciaciones (dadas a la gente desde hace tiempos por Wiraccocha) para poder acceder esos códigos. Ella comprendía que los amaneceres del solsticio y los festivales sagrados tenían poderes de engendramiento.

Con cada luz del amanecer, Wayu sintió que este legado antiguo despertaba claridad dentro de ella. Ella era ambas una portadora individual de la luz y también una niña de la luz dentro de un colectivo más grande.

Aunque pocos, excepto por las *mamaconas,* sabían y practicaban las costumbres antiguas con potencia total y conciencia, las ceremonias antiguas de Wiraccocha todavía eran practicadas por la gente. Una de las ceremonias más importantes del año, la Activación de la Semilla, se estaba acercando. Esta ceremonia se llevaba a cabo cuando el grupo de estrellas llamado las Pléyades, o el Granero, iluminaban el calendario sagrado de piedra que estaba en la plaza superior del templo y bendecían a las semillas. Era la más grande de las bendiciones anuales de las semillas sagradas, los niños de la luz.

En la cultura de Wayu, las Pléyades estaban consideradas como la madre estelar cósmica que les dio a sus niños los códigos de la luz. Ella era para ellos el gran Granero, el lugar en el mundo celestial de donde venían las semillas de luz. Wayu siempre había sabido en donde encontrar a las Pléyades en el cielo, sintiendo la prescencia del grupo de estrellas aun bajo una noche de cielo nublado y durante el día. Tan profunda era su conexión con el Granero que a veces parecía como si su ritmo se entrelazaba con la respiración de ella. Cada *mamacona* tenía una relación especial con una deidad celestial, el Granero, la semilla madre de donde las semillas de luz surgían, era el *apu* estelar de Wayu. Ella sabia que algún día ésta le enseñaría a ella el camino hacia las estrellas y hacia las muchas manifestaciones de la luz por todo el universo.

Después de regresar con el agua, Wayu se sentó en un circulo con las otras sacerdotisas jóvenes de edades similares —seis niñas jóvenes de linaje real al borde de su feminidad, cuyas habilidades receptivas las habían capacitado para un entrenamiento a una edad temprana. Juntas sus togas brillantes formaban los colores del arco iris. Ellas se estaban preparando para la Iniciación del Cóndor, Wayna Picchu. Wayna Picchu, la gran montaña en forma de un cóndor que miraba de regreso a Machu Picchu, personificaba a la fuerza de la energía femenina (en contraste con la energía masculina de Machu Picchu). El cóndor mismo era muy especial para al gente de Wayu —era el símbolo del mundo superior de las energías divinas que fluían a través del universo.

Wayu había aprendido los caminos de los tres tipos de energía en el mundo —el camino de la serpiente, el del puma, y el del cóndor. Ella también tenia el conocimiento de las dos percepciones, cada una era una realidad separada con sus propios portales y reglas. Ella había aprendido que el mundo ordinario del tiempo lineal, era percibido y penetrado por los cinco sentidos. En contraste, el mundo no ordinario del tiempo sagrado, llamado *yoge,* era percibido y penetrado a través de los sentidos internos. El caminar en balance era el mantener a todos los aspectos de ambos mundos en la luz del creador.

Para Wayu era natural y sin hacer mucho esfuerzo, el cambiarse al tiempo sagrado. Ella no necesitaba hacer nada más que visualizar a su amada Putucusi. Ella había aprendido desde pequeña a escuchar a la voz del espíritu, la cual se manifestaba en muchas formas: en el susurro del viento, en los signos alrededor del sol, en el vuelo sagrado del cóndor, en los animales de nubes, y en la luz dentro de la niebla sagrada.

Ella estaba siendo enseñada a que siempre prestara atención y que siempre controlara el parloteo interno de la mente, un elemento esencial del entrenamiento de las *mamaconas.* Esos que viven dentro del mundo ordinario, podían dejar que la mente vagara sin rumbo fijo, gastando los regalos preciosos de Wiraccocha. Pero las *mamaconas* tenían que enfocar la atención para poder adherirse a las formas de ser del linaje de Wiraccocha —los niños de la luz.

A Wayu le estaban enseñando a que le prestara atención siempre al jalón de los sentidos internos, las entradas al *yoge,* el mundo que no es ordinario. Cuando estaba viviendo en el tiempo sagrado, ella percibía a su mundo desde los ojos internos y escuchaba al lenguaje del conocimiento silencioso. Ella aprendió que en momentos de conciencia realzada ella podía hueler el poder y hasta probar los néctares de la presencia divina.

Wayu se dió cuenta que los mensajes que venían de sus sentidos internos eran infaliblemente certeros pues ellos provenían de la fuente de la verdad misma, mientras que los mensajes que venían de sus sentidos externos llevaban solamente una verdad relativa. Además, el mundo de la realidad ordinaria era como una caja pequeña, con sentidos externos que formaban los bordes. Toda percepción en esta realidad estaba limitada por los bordes que estos sentidos le ponían a esta caja.

Además, el mundo ordinario estaba reducido todavía más por los olores y los colores de los campos emocionales de quien los percibía. Por ejemplo, ella había visto, como los olores y los colores del miedo nublaban los campos perceptivos de la gente y encogían los bordes de la caja, mientras que los colores y los olores del amor expandían los bordes, aumentado la claridad. Wayu y las otras *mamaconas* conocían las puertas a través de la caja de la percepción por que ellas vivían más allá de tales limitaciones. Ellas caminaban por los senderos de la ciudadela de terrazas en tiempo sagrado, siempre alertas a la voz del espíritu.

Ya para ahora, el círculo de las jóvenes sacerdotisas se había reunido cerca del templo de la suma sacerdotisa, de La Anciana. Aunque ellas estaban riéndose y hablando entre sí, había una aprehensión en el aire. Esta sería la primera de las grandes iniciaciones de la sangre de la Madre Cosmica, una de las iniciaciones más importantes para la entrada a la feminidad.

Pronto las Dadoras de Luz, las maestras encargadas con la preparación de las jóvenes *mamaconas* para la iniciación, aparecieron con los bultos ceremoniales. Las Dadoras de Luz habían cuidado y educado a sus jóvenes compañeras desde que las niñas eran pequeñas. Para muchas de las niñas, la iniciación que estaba por venir les cambiaría su relación con la comunidad mayor. Ellas sabían que las entradas a sus talentos individuales se abrirían muy pronto, permitiéndoles cultivar a esos talentos para el servicio de Wiraccocha.

A medida que el momento de la ceremonia se acercaba, las risas cesaron y las *mamaconas* tornaron su atención hacia sus interiores. Luego cada una de ellas recibió su bulto ceremonial, el regalo de la *pachamama* —un conglomerado de ramitas, de lodo y de piedras. Wayu metió su mano debajo de su túnica buscando el tápiz fino que ella había tejido para su bulto, una cuerda larga azul y morada que contenía una fila de símbolos entretejidos que indicaban a los códices que ella había aprendido y los caminos del *yoge* en los que ella había viajado. Su tápiz también contenía los símbolos de su *apu* especial, Putucusi, y de su guía estelar, el Granero. Luego, su Dadora de Luz, instruyó a la *mamacona* de como amarrar el bulto. Ella tenía que pausar a cada vuelta y alzar su cabeza en oración al cóndor viejo, Wayna Picchu. A medida que ella envolvía al bulto ritualmente, su corazón se convirtía en uno con la Madre Cósmica, con toda la creación y ella se abrió a los campos de luz superiores del amor de Wiraccocha, rezando cada vez con más fuerza:

Amado Padre lléname con tu amor para que pueda servirte,
Que pueda servirle a la amada Madre,
Que pueda ser un verdadero vehículo de tu amor.

Pronto todas la *mamaconas* estaban en un trance profundo, compartiendo un corazón y preparando sus bultos sagrados para la gran ceremonia de unión. Encima de ellas, la niebla que subía más allá de la cumbre de Wayna Picchu circulaba en las brisas matutinas, convirtiéndose gradualmente en más luminosa, como si resonara con las oraciones.

"Cuando hayan terminado con sus bultos," la Dadora de Luz de Wayu les dijo a las muchachas, "vayan al lugar de bañarse. Allí, cerca del río sagrado, báñense con cuidado en las aguas cálidas sanadoras. Prepárense. Luego pónganse sus túnicas blancas de *yoge* y regresen al lugar del cóndor. Este es un día muy especial para todas ustedes. Cuando estén listas, ustedes van a recibir una bendición del *pampa mesayog* [un sanador experto que trabaja con las energías de la Tierra] y su ayudante, un chamán joven."

Wayu se iluminó visiblemente. El ayudante del gran chamán era Cusi, su primo y su amigo del alma más querido. El era el aprendiz del *pampa mesayog*, el maestro mayor que tenía un conocimiento completo de las energías de *pachamama* y que se había dedicado a sí mismo al servicio de la Madre Cósmica y de las costumbres antiguas en ésta la más sagrada de todas las ciudadelas. Era muy raro que estas jóvenes sacerdotisas recibieran las bendiciones del *pampa mesayog*. Ésta era una ocasión especial, porque ésta noche ellas entrarían a la caverna que estaba debajo del Wayna Picchu y se ofrecerían a sí mismas en el gran Templo de la Luna. Las preparaciones tenían que estar perfectas; ellas habian ayunado por tres días, solamente tomando agua, y ahora se iban a limpiar ellas mismas y a ser bendecidas.

A Wayu le llamó la atención su Dadora de Luz cuando las otras muchachas se marcharon. Wayu se envolvió en los brazos de su Dadora de Luz, disolviendo las barreras entre ellas y entrando de nuevo al sueño que ella había experimentado anteriormente. Otra vez ellas estaban en el río sagrado cerca de la orilla de la selva, en donde los árboles formaban un pabellón alto arriba del torrente apresurado, y la luz del sol se filtraba como un prisma en la superficie del agua. Su Dadora de Luz metió su mano en lo profundo del agua para alcanzar a la luz dorada que danzaba en lo recóndito, y de las corrientes del Vilcanota, el río de los campos de luz, ella jaló los rayos fluyentes, bañando a Wayu en el misterio de la luz dorada en espiral. La luz penetró los sentidos internos de Wayu, purificando su cuerpo energético, limpiando los atascos, y con la precisión de un rayo laser, abriendo los nuevos canales de luz, hasta que su cuerpo de luz brilló con el resplandor claro de una estrella en el firmamento nocturno.

Entonces, la Dadora de Luz de Wayu dijo, "¿Tu comprendes, mi amada Wayu? Tu tiempo ha llegado." Wayu asentó con la cabeza, dándose cuenta que el sueño había señalado la apertura de una de las entradas.

Más tarde, mientras se apresuraba bajando por el sendero para encontrarse con las otras, Wayu pausó en el rio sagrado, el lugar de su sueño, y ofreció una oración de gratitud a las aguas fluyentes. Allí, de repente, encima del pabellón en el cielo azul claro, ella vió la forma tenue de un cóndor que subía y bajaba sin esfuerzo bien arriba en las termales. Ella sabía que éste sería un día colmado de bendiciones.

Viejo y encorvado con sus muchos años, con su pelo blanco largo amarrado y anudado atrás, el *pampa mesayog* se paró enfrente de las muchachas. Él podía ver los senderos de luz que componían a sus cuerpos luminosos, sus campos de energía personal. Él podía eliminar a cualquier fuente de enfermedad antes que ésta se manifestara en forma, y podía corregir los desequilibrios en la corriente del cuerpo. Solo con la fuerza de su intención pura, él podía irradiar senderos de luz y eliminar fuentes antiguas de falta de armonía y de esclavitud kármica, que limitaban al desarrollo humano.

Cusi, así como su prima Wayu, había venido a la ciudadela alta desde que era un niño pequeño. Como Wayu, él era oscuro y menudo, pero carecía de la manera esbelta y etérea de ella. Fuerte y enjuto, desde una temprana edad su precocidad lo había marcado como candidato para el camino de un *pag'o* (chamán). Ya él había aprendido a ver con los ojos del maestro mesayog. Ellos habian viajado juntos por los filamentos luminosos de la luz para el servicio a la Madre Cósmica.

Ahora era el turno de Wayu de pararse enfrente del *pampa mesayog*. Ella observaba intensamente mientras él escáneaba a su cuerpo de energía. El hizo un gesto suave, y ella se acostó en la piedra plana del altar. A lado de ella, Cusi sonrió, enviándole la emanación desde su corazón directamente al de ella, conectándo sus filamentos luminosos hasta que éstos juntados se convirtieron en un gran canal de luz. El humo subía del quemador de incienso, mezclándose con los aromas del los aceites de lavanda y romero que el chamán había puesto en sus manos. Una y otra vez, el *pampa mesayog,* levantó su pluma grade de cóndor, limpiando los senderos sagrados. Luego ungió cariñosamente el tercer ojo de Wayu.

Deslizándose entre mundos, Cusi se dió cuenta del los filamentos de luz arremolinados en Wayu. Redes fuertes de luz dorada, sumamente refinadas, giraban a través de sus chacras, conectándola con los mundos superiores. En ese momento, la pluma de cóndor del chamán señaló al sendero en lo profundo del vientre de Wayu, en donde estaba un nudo fibroso. Cusi afiló su enfocamiento y percibió el miedo que se habia apoderado de Wayu hacía mucho tiempo. Cusi vió el miedo de la niña que todavía no había pasado seis bendiciones de la semilla, que había sido tomada de su hogar familiar y traída a la ciudadela alta. El *pampa mesayog* captó el ojo de Cusi. Cusi sabía cuales eran las piedras que el maestro necesitaba para eliminar el nudo y miraba como el *pampa mesayog* trabajaba para disolver el miedo. Finalmente, el último residuo del miedo desapareció, y el cuerpo de energía de Wayu quedó intacto y fuerte.

Mucho antes que el Padre Sol completara su paso por el cielo, las jóvenes *mamaconas* y sus Dadoras de Luz empezaron su jornada de bajar por el camino largo pero familiar hacia el Templo de la Luna que estaba abajo en la selva. Las señas de la primavera estaban por todos lados; los brotes nuevos y tiernos que estaban empezando a abrirse y las hojas delicadas que se estaban empezando a desplegar. Las muchachas sabían que cada paso que tomaban reflejaba el pasaje que había tomado cada *mamacona* antes que ellas. A medida que Wayu caminaba, ella dejaba que cada respiración y cada paso abrieran más completamente a su alma y a su corazón. Ella se enfocó en el sueño y en las señales que le habían dado en éste día. Cuando la imagen de Putacusi entró en los ojos de su mente, ella envió una línea de energía lentamente desde su vientre hacia su amada *apu*, conectando sus filamentos de luz con la luz dentro de la poderosa guardiana y escuchando al mensaje de la montaña:

> *Hermanita, estaré contigo.*
> *Escucha profundamente, hermanita.*
> *Escucha con un corazón.*
> *El camino se aclarará y las puertas se abrirán.*

Enfocándose aun con más atención, Wayu hizo que su corazón fuera uno con los otros, con las Dadoras de Luz, con todas las formas de la naturaleza que la rodeaban. En este estado de conexión profunda con la Madre Cósmica, Wayu se acercó al portal del Templo de la Luna. Los últimos rayos ardientes del Padre Sol danzaban en el horizonte. Doblando sus cabezas, una por una las jóvenes *mamaconas,* alertas y reverentes, entraron al espacio que parecía un vientre oscuro. Cuando sus ojos se ajustaron, Wayu vió enfrente de ella la silueta de La Anciana.

Allí, en el abrazo de Wayna Picchu y bajo la máscara de la noche, se llevaron a cabo muchos rituales poderosos. Wayu, cuyo nombre sagrado significaba "canción de amor," fué cargada con tanta fuerza de divinidad pura, que cada célula dentro de su ser se convirtió en un cristal lleno de luz radiante. En su forma física, ella experimento la unión completa de la *pachamama* con el *pachamag* (el nombre para la energía del Padre Cósmico). Esta entregada de amor fué tan maravilloso que las estrellas danzaron y la montaña sagrada lloró. Y antes que la primera luz cruzara la puerta del sol, Wayu había viajado con La Anciana a los filamentos lejanos de la luz celestial, a través de la gran entrada, al corazón mismo de la Vía Láctea (Mayu). Lo que aprendieron allí no se podía decir, pues esas enseñanzas eran para tiempos de mas adelante, para una encarnación futura de la luz.

La niña Wayu, que había caminado hacia abajo en el sendero para entrar al Templo de la Luna en el amanecer, y la mujer Wayu, quien a primera luz del día caminó de regresó hacia su gente en la ciudadela, ya no eran la misma. Todos los que la vieron sabían que su tiempo había llegado. Ella sería algún día la sucesora de La Anciana, una gran *kuraq* (visionaria). Debido a que todavia había mucho que Wayu tenía que aprender, en seguida de la ceremonia, Wayu y su Dadora de Luz movieron sus pertenencias a la residencia retirada de La Anciana. Los días de Wayu ahora estaban llenos de lecciones acerca de la tradiciones específicas que requerían un enfocamiento realzado y firme. Los días eran largos, pero una vitalidad nueva llenaba a su cuerpo. Ahora se pasaba sus noches en los senderos de sueño del cielo nocturno —en el abrazo de La Anciana. Al principio Wayu extrañaba la camaradería que ella había compartido con las otras muchachas jóvenes, pero desde el tiempo de su niñez ella siempre había sabido que su camino iba a ser diferente y que ella pertenecía a Wiraccocha, no a una vida de familia.

Enseguida, después de la iniciación de Wayu, Cusi fué enviado por el *pampa mesayog* a que empezara su aprendizaje con otros mesayogs poderosos en el valle y más allá del valle. Wayu extrañaba a Cusi y anhelaba su regreso. Desde su niñez habían jugado juntos en su cueva especial que estaba en el camino a la puerta del sol, en donde el compartir visiones y sueños había forjado entre ellos una conexión profunda de sus almas. Mientras Wayu esperaba con impaciencia el regreso de

Cusi, y se preguntaba que es lo que él estaba aprendiendo en el mundo lejano de abajo, ella comprendía que a ellos sólo la distancia los separaba. Ella sabía que cuando Cusi regresara ellos volverían a compartir otra vez sus visiones y sus sueños. Ella no se dió cuenta que pasarían años antes que volviera a ver a Cusi otra vez.

❦

Había pasado casi una luna desde la iniciación de Wayu. Ahora las preparaciones para el gran Festival de la Activación de la Semilla estaban en camino por toda la ciudadela. Esta era una de las pocas ocasiones en donde los extranjeros eran bienvenidos a las ceremonias sagradas en el hogar de las *mamaconas*. Para este festival anual, la gente de por todo el valle sagrado de abajo, acarreaban sus semillas por muchas millas arduas hasta a la ciudadela alta para recibir una bendición especial. Y para este día fortuito, el mismo gran soberano Inca envió a su emisario especial, el sumo sacerdote de la ciudad real de Cuzco, para que asitiera a las ceremonias en el hogar sagrado de las *mamaconas*.

En el tiempo de la activación, la luz del Granero (el grupo estelar de las Pléyades) volvía a aparecer antes del amanecer y brillaba sobre la gente, marcando a la piedra especial cerca del *intihuatana* (una piedra calendaria grande que usaba las sombras del sol) en la plaza grande ceremonial. Al mismo momento, la luz de las Pléyades inundaba las ventanas del Templo del Sol cerca de la catarata. El amanecer en este tiempo especial también tenía un poder profundo, haciendo posible el arte de predicciones. Era bien conocido que en el mismo momento en que el Granero re-aparecía antes del amanecer, y enviaba sus bendiciones para el año a la semilla sagrada, ocurría algo favorable. Este era el tiempo de cada año cuando el mismo Wiraccocha le hablaba a La Anciana y le enseñaba a ella el camino del futuro.

El octavo soberano Inca era conocido históricamente como alguien que profetizaba. Él había previsto el deterioro del imperio Inca, pero había tratado de mantener oculta a la profecía. Ahora, el emperador Inca actual y sus consejeros del sacerdocio estaban obsesionados otra vez con las profecías —y por una razón buena. Wayu y las otras *mamaconas* tenían conocimiento de estas profecías misteriosas y horribles prediciendo que estaban en peligro ellas y la línea larga de los incas, la sangre de los niños de la luz que vinieron muy desde el principio del tiempo mismo. Aunque parecía como si su linaje entero estaba cerca del final, Wayu y La Anciana sabían que las cosas no eran tal como parecían.

Fué con un gran peso que el mismo sumo sacerdote de la corte real inca, viajó desde Cuzco hacia la ciudadela alta de las *mamaconas*. Su grupo pequeño de escolta, fué escogido de entre los más finos del ejército real, todos guerreros leales. A medida que iban bajando de la puerta del sol, Wayu y las otras *mamaconas* vieron el miedo que ellos llevaban por dentro y que aun el sumo sacerdote del mismo soberano Inca estaba atrapado dentro de la caja de la percepción limitada.

Esa noche alrededor del fuego Wayu escuchaba mientras el sumo sacerdote le hablaba en tonos bajos a La Anciana.

"Las señales," decía él, "estaban por todos lados. Hemos visto cometas en los cielos. Nada más la semana pasada la plaza central de la gran residencia real fué sacudida por terremotos. Aun ahora la luna esta rodeada con anillos de fuego."

Wayu apretaba más a su manta alrededor de su figura pequeña y escuchaba intensamente.

"He escuchado reportes del aterrizaje de extranjeros blancos de barbas extrañas, en ciudades flotantes a la orilla del océano," dijo el sacerdote. "La historia fué predicha en el cielo nocturno hace mucho tiempo, y ya no puede ser negada."

Los campesinos estaban al borde del pánico, y había una gran tensión en la corte real. El gran imperio Inca parecía estar al borde de hundirse. Sólo una señal poderosa de Wiraccocha podría traer la calma otra vez. El sacerdote se le acercó más a La Anciana, y Wayu apenas podía oír su voz secretiva:

"Cuando el Granero aparezca y Wiraccocha le hable," susurró él, "el reporte debe ser positivo. El Inca real necesita desesperadamente de su cooperación. Yo haré cualquier cosa que usted pida," imploró el sacerdote.

Wayu vió que la cara de La Anciana se endureció, que el cuerpo de ella se puso rígido. Aunque Wayu comprendía poquito acerca del mundo ó de las preocupaciones políticas de la corte real inca, ella sabía que La Anciana solamente hablaría la verdad. En esas semanas breves con La Anciana, su entendimiento había aumentado enormemente. Ella ahora comprendía muchas de las enseñanzas antiguas. Ella había viajado lejos del más allá de las restricciones del tiempo lineal, verdaderamente saliéndose de éste . Ella sabía que ella no era nada más que energía y que esa energía no podía ser ni creada ni destruída. Ella comprendía que para todo el tiempo ella era una con la luz del creador. Como una niña de la luz, ella era la reflexión de Wiraccocha aquí en la forma fisica. Ella y La Anciana eran sirvientes de la luz aquí en este tiempo y espacio.

Llegó el día del Festival de la Activación de la Semilla. Este era el tiempo cuando la luz del Granero relucía brillantemente sobre las semillas de abajo. El sumo sacerdote de la corte real y su séquito aparecieron vestidos en sus ropas más finas, entretejidas con hilos de oro y de plata y acentuadas con joyería de piedras preciosas. Sus aretes largos dorados, la marca de la realeza Inca, brillaban en la luz de antes del amanecer. El sumo sacerdote tenia la borla roja de flecos del Inca reinante. Vestidas en sus túnicas sencillas de *yoge*, Wayu y La Anciana, junto con los otros, observaban el cielo temprano de la mañana justo antes de la salida del sol, cuando el Granero aparecía otra vez, trayendo su bendición para la gente.

Wayu veía con los ojos de La Anciana y escuchaba dentro de sí misma a la voz de Wiraccocha. Ella sabía que la semilla ahora sería esparcida por los vientos del cambio. Este iba a ser un tiempo de mucha interrupción, un tiempo para ensimismarse. Oculta dentro de lo profundo de la tierra, la semilla yacería latente por una noche oscura, fría hasta que fuera despertada por un sol nuevo. Entonces, las puertas se abrirían otra vez, y los niños de la luz retornarían.

❀

Los años pasaron, y visitantes esporádicos a la ciudadela alta traían noticias inquietantes del mundo exterior —cuentos de guerra y devastación en los bordes el imperio. Un día Wayu vió a un hombre joven delgado, caminando con gran seguridad bajando por la puerta del sol, y su corazón saltó cuando reconoció a Cusi. Ella lo miraba mientras él se acercaba al pueblo y notaba que guapo se había hecho, ella sintió un anhelo profundo dentro de su vientre, una sensación física extraña que le dejó sentimientos intranquilos y confusos.

Cusi fué bien recibido de regreso en la comunidad por La Anciana y por un *pampa mesayog* orgulloso. Él y Wayu se saludaron entre sí tímidamente, ambos sorprendidos por la atracción física poderosa que sintieron, e inciertos de cómo relacionarse entre si ahora que eran adultos. Por varias semanas ellos se vieron muy poco pues Cusi se pasaba sus días con el *pampa mesayog,* alejado del templo de las mujeres. Algunas noches Wayu y La Anciana se juntaban con los hombres alrededor del fuego en la *intihuatana,* en donde un Cusi reservado, aparentemente sereno, deba reportes detallados del derrumbamiento creciente del mundo de las afueras.

Wayu raras veces dejaba el templo de las mujeres o la residencia de La Anciana. Ella estaba preocupada por las emociones que Cusi había provocado en ella. Nada la había preparado para estos sentimientos, ni siquiera los secretos de las costumbres antiguas que La Anciana le había enseñado o sus jornadas nocturnas juntas al centro de la misma luz. Y cuando ella sí se unía a las reuniones, ella observaba a Cusi a la distancia, volteándose rápidamente cuando él captaba sus ojos. En ocasiones cuando él intentó buscarla, ella huyó, incapaz de enfrentarlo con tal confusión interna.

Aunque La Anciana comprendió inmediatamente la causa de la incomodidad de Wayu y la reserva de Cusi, ella esperó hasta que Wayu se pusó todavia más inquieta. Unas semanas después del regreso al hogar de Cusi, cuando Wayu regresaba de cenar en el templo de las mujeres, La Anciana, el *pampa mesayog,* y Cusi se sentaron alrededor del fuego a esperarla. Entonces los maestros ancianos les hablaron cándidamente a Wayu y a Cusi.

"Los anhelos de ustedes por una unión física son comprensibles," les instruyó el *mesayog.* "Ustedes son libres de elegir su futuro. Sin embargo, debido a que ambos son de un linaje real y debido a sus votos celibatos, la situación entre ustedes se tiene que resolver pronto."

"Hay muchas maneras de explorar el sendero de *yanantin* [la relación armoniosa entre los opuestos], aparte de la simple unión física entre un hombre y una mujer," continuo el sacerdote. "Cada iniciado necesita tener maestría en ambas de sus energías la masculina y la femenina como parte esencial de su entrenamiento. Ustedes tienen libertad para dejar su entrenamiento y sus votos celibatos, pero sí se quedan en la ciudadela, el próximo nivel de su entrenamiento involucrará la combinación dinámica de las energías masculinas y femeninas —a un nivel superior y para el bien de la comunidad entera."

El mesayog le entregó a Wayu y a Cusi una bolsa que contenía provisiones. "Vayan a la cueva de *pachamama* y no regresen hasta que hayan llegado a una decisión."

Un poco asustados por la orden brusca e inesperada del *pampa mesayog*, Wayu y Cusi se fueron en el sendero iluminado por la luna a la caverna de la Madre Cósmica. En el camino, Wayu le hecho un vistazo a su amada *apu*, Putucusi, que estaba coronada con la luz de la luna. Ella soltó a la energía densa, confusa que sentía y abrió sus senderos internos al *yoge*. Inmediatamente se dió cuenta de lo absurdo de su situación y empezó a reírse. Pronto Cusi se unió, y la tensión entre ellos se disipó. Pronto ellos charlaron como los buenos amigos que eran. Ellos sabían que no estaban interesados en abandonar su entrenamiento, y en vez, aprenderían a trabajar con las energías nuevas que estaban surgiendo en ellos. Ellos pasaron una noche divertida en la caverna compartiendo las experiencias y lo que habían aprendido en los tres años que habían pasado.

Con el tiempo, Wayu descubrió nuevas maneras de integrar la dualidad. A medida que sus energías masculinas se desarrollaron, ella se hizo mas expresiva y decisiva. Cuando ella sentía confusión o emociones negativas, ella desafiaba a su confusión interna hasta que ella lograba claridad. Gradualmente sus polaridades internas se pusieron en armonía. Así como el gran andrógino Wiraccocha, Wayu aprendió que el liderato verdadero requiere la interacción de ambas energías la masculina y la femenina. Y Cusi, absorbido en el corazón de la *pachamama*, encontró su camino hacia lo sagrado.

❁

Los años y las décadas pasaron. Wayu se hizo mayor, cada año tomando más de los deberes de La Anciana. Cuando La Anciana dejó a este mundo, Wayu abrazó a su cuerpo frágil. Ella le había enseñado todo a Wayu, ellas se habían convertido como en un solo ser. Cuando la última luz trémula dejó a La Anciana, Wayu viajó con ella una vez más por todos los portales familiares. Wayu observó mientras La Anciana se convirtió en resplandor puro mezclándose con la luz entre las estrellas.

Después de que La Anciana regresó a las estrellas Wayu asumió su lugar, preservando a las costumbres tradicionales sagradas. Aunque habían muchos cambios en el mundo exterior, la ciudadela alta permanecía intacta y haciéndose más aislada. Los emisarios del Inca real ya no caminaban en los senderos arriba del río sagrado, los agricultores del valle ya no traían a sus semillas para las bendiciones anuales, y las niñas precoces ya no eran enviadas a la ciudadela alta para hacerse *mamaconas*.

Eventualmente parecía como si el mundo de afuera había cesado de existir. Los de la ciudadela plantaban maíz y papas, ofrecían oraciones, y sentían las bendiciones del Gran Sol así como lo habían sentido siempre. Wayu, Cusi y las *mamaconas* se envejecieron juntos en el servicio de la *pachamama*.

Wayu sabía que un día habría una encarnación futura de la luz, que el sexto sol despertaría a los códigos de luz que estaban ocultos en el interior profundo de la forma humana. Para prepararse a ese tiempo, Wayu y Cusi observaban al cielo nocturno, rastreando a las sombras que caían en la *intihuatana*, escuchando a los ritmos del Granero cuando se salia y se ponía encima de la ciudadela, y hacían sus calculaciones de acuerdo con esto.

A medida que el caos del mundo físico continuaba su usurpación en el reino de lo sagrado, Wayu y Cusi se dieron cuenta que los *huacas*, los lugares sagrados que mantenían a las entradas antiguas, ahora estaban en peligro. Estos lugares sagrados tenían que ser protegidos, pues, en un tiempo futuro, los secretos que estos guardaban, serían revelados otra vez.

Algún día los niños de la luz aprenderían otra vez a danzar en su totalidad y evocarían a la orden superior. Con solemnidad y con dedicación, Wayu y Cusi determinaron que las puertas de los campos de energía tenían que ser sellados y ocultos. En comunión con los *apus,*

Wayu viajó en los senderos de luz, asegurandose que los guardianes sagrados estuvieran alíneados, que los lugares sagrados estuvieran sellados, y que los códigos de los jeroglíficos antiguos estuvieran ocultos. Ella sabía que el conocimiento antiguo sería preservado, pero por ahora solo esos que tenían la llave podían acceder a las entradas.

Antes que Wayu se fuera de este mundo, ella selló las entradas de la ciudadela sagrada cuidadosamente. Machu Picchu permanecería escondida por cientos de años. Sus campos de energía y sus fuerzas espirituales esperarían el regreso de los niños de la luz, quienes otra vez reflejarían a lo divino y caminarían en balance perfecto, en *ayni* perfecto. Wayu había visto hace tiempo que la próxima encarnación de la luz sería la de los verdaderos *chakarunas*, la gente que sirven de puentes, los nuevos iluminados que traerían el potencial completo de la luz divina a toda la humanidad.

✤

En 1911, el explorador Hiram Bingham descubrió lo que el llamo "la Ciudad Perdida de los incas," Machu Picchu. Un camino nuevo había sido construido recientemente a lo largo del Río Urubamba (el Vilcanota) cerca de Ollantaytambo. Después que los nativos le habían hablado acerca de unas ruinas en lo alto de las montañas, él y sus guías escalaron una ladera de 2,000 piés y encontraron el camino a las ruinas, que habían estado escondidas por cientos de años debajo de la vegetación de la montaña. La ciudadela alta, que era el santuario espectacular del mundo inca, nunca había sido encontrada por los conquistadores españoles y estaba todavía intacta, incluyendo el intihuatana.[1] *Muchos años más tarde ésta fué abierta para el público.*

Fué verificado que el sitio antiguo, encantador y extraordinariamente bello, había sido en otra vez un centro ceremonial importante y el hogar de las mamaconas, *las Vírgenes del Sol. Los investigadores encontraron esqueletos (principalmente de mujeres) que estaban sepultados en el sitio. El esqueleto de una mujer vieja fue encontrado en una tumba cerca de un edificio que se cree que era la residencia de la suma sacerdotisa.*

2

LAS SIEMBRAS DE LA
CONCIENCIA DIVINA

El mundo de la mamacona estaba sumergido en mito y por lo tanto animado de una forma que la conciencia contemporáneo había perdido desde hace tiempos. Ellas vivían dentro de una cosmología compleja de multitud de niveles, en lo que todo estaba vivo y era una fuente de información. Las *mamaconas* vivían de acuerdo con el conocimiento antiguo de que todo en el mundo era conciente, una creencia que ellas expresaban en cada pensamiento y en cada acción. Ellas vivían más allá de lo que se conoce ahora como el velo de separación, la ilusión de la humanidad moderna que el mundo físico y mundano es la única realidad.

Los mitos de la creación y las leyendas de las *mamaconas* se extendían hasta los principios del tiempo —revelando, de una generación a la otra, la interacción directa entre los hombres y las deidades. Para las *mamaconas* Wiraccocha era todavía una fuerza activa, engendradora. De esa manera sus leyendas no eran solamente historias sino también evidencia vívida de la luz de la divinidad, dándose a conocer a sí misma a través de la forma. Como niñas de la luz, ellas comprendían que eran parte de la expresión divina, la semilla sagrada engendrada por el creador.

LA HERENCIA DE WIRACCOCHA —LOS NIÑOS DE LA LUZ

Las *mamaconas* también comprendían cuan tremendamente importante era que su gente fueran semillas de dios. Ellas sabían que las semillas de lo divino habían sido plantada en el interior profundo de los corazones de los niños de la luz, y que su gente fueron las últimas de una raza ensemillada. En el tiempo de Wayu, aunque muchas de las tradiciones se habían perdido, todavia permanecía la potencia del linaje. Cuando en cada salida del sol, La Anciana invocaba al nombre de Wiraccocha, ella invocaba a los códigos de luz dentro de sí misma que conectaban al mundo superior con el mundo de la forma. Ella evocaba a la copia del plano viviente de la luz misma, la fuente de la conciencia divina que estaba oculta en la forma humana.

De acuerdo con la mitología andina, el dios creador Wiraccocha había venido en forma humana desde los mundos superiores. Aunque cada tradición regional tiene su propia versión de la historia de la creación, todas son extraordinariamente parecidas. Se ha dicho que hace tiempo, cuando el mundo estaba sin luz, Wiraccocha vino a un lugar arriba de los aguas oscuras del Lago Titicaca. Allí, en lo alto de los Andes cerca del borde peruano-boliviano, éste hombre dios invocó al sol, a la luna, y a las estrellas, y los colocó arriba del Lago Titicaca. Él entonces creó a las tribus de los Andes, cada una con su propio lugar de aparición, su propio lenguaje y sus propias costumbres. A cada tribu le fué dada una estatua sagrada que contenía al poder divino y podía evocar a la semilla del linaje que conectaba directamente a lo divino y a lo humano. En Quechua, el lenguaje hablado por los incas, y que todavía ésta en uso en los Andes altos, ésta estatua fué nombrada *waka*.

Wiraccocha entonces les habló cariñosamente a su gente, las semillas, diciéndoles que hicieran el bien, que fueran amorosos y caritativos con todos y que no hirieran a los otros. Luego él les enseñó a como vivir armoniosamente y a traer a la prosperidad, enseñándoles a como construir terrazas, a como diseñar sistemas de irrigación, y a como plantar cultivos sagrados.

Los mitos, así dichos por los mantenedores de los archivos (los *quipucamayocs*), relatan que por el 200 a.C., la luz entró al mundo en la forma del hombre dios Wiraccocha. La civilización conocida como Tiahuanaco que se desarrolló en los Andes altos llego a su apogeo como un centro sagrado cerca del 600 a.C. Los archivos historiales demuestran evidencia de un catalizador súbito de poder enorme que afectó a la vida andina cerca del 200 a.C., resultando en un desarrollo rápido de "archipiélagos verticales" y en un orden de agricultura compleja, que unificó a la gente de los valles de gran altitud y las montañas en una sola comunidad próspera e interdependiente.[1]

Hoy en día no se sabe mucho acerca de ésta gran cultura por que no hay documentos escritos. Sólo quedan ruinas, las cuales fueron saqueadas repetidas veces por buscadores de tesoros que llegaron antes de la venida de los arqueólogos. Sin embargo, basados en los vestigios de los trabajos de arte y los materiales recuperados de las tumbas, los arqueólogos creen que ésta civilización se extendió desde la costa peruana hasta las sierras bolivianas, que tenia una base religiosa muy avanzada, y que era pacifica, aparentemente expandía su base por medio del compartir el conocimiento. Se cree que muchas de las costumbres y los mitos incas fueron derivados de la "época dorada" de Tiahuanaco.

Ubicada a 12 millas del Lago Titicaca, casi después del borde peruano en Bolivia, están las ruinas del monumento arqueológico que es quizás el más espectacular en todo Sur América. Ésta estructura, la cual se cree que fue construida por los tiahuanacos, es conocida como La Puerta del Sol. Es una puerta grande que tiene tallada encima la ímagen de Wiraccocha, el dios hombre andrógino. Rayos solares emanan de su cabeza y lágrimas doradas de luz parecen que caen de sus ojos.

En el tiempo de Wayu, mucho despues que Wiraccocha había dejado este mundo, sus costumbres todavia eran mantenidas como sagradas por esos que trabajaban en la tierra y para las sacerdotisas que se habian dedicado a mantener las tradiciones. Cada año los fieles se reunían para el Festival del Regreso de las Pléyades. En la madrugada de cada solsticio y de cada equinoccio, ellos venían a recibir la bendición especial del Padre Sol.

Cada año en el 22 de diciembre, su solsticio de verano, los incas también celebraban un festival importante dedicado a los hombres jóvenes que habían llegado as su madurez, el Festival de Capac Rayni, o el Festival de los Reyes. En este día, los hombres jóvenes era aceptados formalmente en la comunidad, y, así como era la costumbre de los incas reales, sus orejas eran perforadas con aretes largos de oro. El Capac Rayni era un tiempo para bendecir y dar gracias por los cultivos que proveían la alimentación diaria. Así también como por las semillas del linaje royal, las semillas divinas de dios. El festival era una expresión de la cosmología inca de niveles múltiples. Por que aunque la ceremonia era efectuada en Cuzco, más arriba del valle sagrado, cerca del pueblo de Ollantaytambo, el sol del solsticio de la mañana encendía el tope de la cabeza, la chacra de la corona, de la forma masiva de Wiraccocha que estaba tallada en la montaña —simbólicamente despertando la conciencia divina. En breve, a partir de ese momento, la luz iluminaba al granero, la parte del templo que guardaba las semillas reservadas para plantar.

Los incas conducían la mayoría de sus rituales al amanecer por que ellos creían que la primera luz era la más potente, trayendo con ella una gran bendición y el conocimiento de las fuentes divinas. Sus rituales tenían un propósito doble: para aumentar el bienestar espiritual de la gente y para reforzar las semillas, los granos y los rebaños.[2]

Los equinoccios, los solsticios, y el regreso de las Pléyades eran cumplidos y celebrados por los incas y otra gente indígena de alrededor del mundo con precisión absoluta. Ellos construyeron calendarios masivos y complejos que grabaron la progresión exacta del sol y marcaban con exactitud el momento preciso de la primavera y los solsticios de invierno. La fecha del regreso de las Pléyades, los solsticios y los equinoccios, así también como los otros días sagrados, eran para la gente indígena críticamente importantes y significantes espiritualmente, por que ellos creían que en el amanecer o antes de éste en los dias sagrados, estaba a la disposición una bendición especial. Aunque muchos investigadores modernos de la cultura andina creen que estas fechas eran importantes por que les indicaban cuando la gente debían de plantar sus cultivos, también es sabido que estas fechas tenían una gran significado espiritual.

La importancia de la luz como una fuerza espiritual está enfatizada en la historia de la creación inca, en donde Wiraccocha le da a su segunda creación la ventaja adicional de la luz. Él dirigió al sol, a las estrellas y a la luna a que salieran del Lago Titicaca y los colocó en el cielo para que le pudieran dar luz a sus niños. Esta luz no era una luz común sino la luz de la conciencia divina que se había manifestado en forma. Para los incas, la luz física tenía cualidades de engendrar, despertando a los códigos de la luz que estaban enterrados en la forma humana. La historia de la creación Inca subraya la idea del engendrado divino por la luz, al relatar que cuando los niños del sol emergían de la puerta sagrada entre los mundos y pasaban a la madrugada en la mañana del solsticio, ellos eran rociados con luz dorada fértil.[3] Solo entonces ellos se convertían en los Incas, que quiere decir "los iluminados."

EL PAPEL DEL GRUPO ESTELAR PLEYADIANO

El grupo estelar de las Pléyades jugó un papel de factor clave en las mitologías incas y mayas.[4] Un hecho intrigante acerca de este grupo de estrellas tiene que ver con el conocimiento maya acerca del número de estrellas en el grupo. Las Pléyades, también llamadas las Siete Hermanas, estaban supuestas a ser llamadas así porque sólo siete de estas estrellas son visibles a simple vista, aunque actualmente contienen como unas cuatrocientas estrellas. Es interesante que entre los mayas, uno de los nombres para las Pléyades era "los cuatrocientos muchachos."[5] Como muchas de estas estrellas no se pueden ver, no se sabe como los mayas pudieron haber sabido el número aproximado de las estrellas.

Las Pléyades eran importantes para los incas particularmente para determinar las estaciones. En ciertos tiempos durante el año, estrellas o constelaciones específicas no son visibles desde la tierra porque parecen estar demasiado cerca del sol, pero estas re-aparecen media vez "aclaran" el resplandor del sol. La fecha de la re-aparición de una estrella es cono-cida como su salida heliacal. En el día del regreso de las Pléyades, que había sido exactamente calculado por los incas, el grupo estelar era visi-ble otra vez casi antes de la salida del sol después de un período de invis-ibilidad. Esta era la fecha del Festival del Regreso de las Pléyades, que era una herramienta importante para las medidas calendarias, usadas por los Incas para anotar el tiempo exacto del solsticio.[6] En el tiempo de los Incas, la salida heliacal de las Pléyades era siempre 30 días antes del solsticio, permitiéndole a los incas a planear para el tiempo del solsticio, el cual no podía ser calculado solo observando al sol.

Tan importantes eran las Pléyades para la visión del mundo de los incas que el grupo estelar proveía una base para el calendario inca. En la ciudad antigua de Cuzco, unas cuarenta y dos líneas invisibles conocidas como *seques*, o rayos, rodeaban al gran Templo del Sol, extendiéndose hasta llegar al horizonte. Cada *seque* pasaba a través de o cerca de un santuario, o un estatua pequeña, conocida como una *waka*. De acuerdo con el mito de la creación, las *wakas,* contenían el poder del linaje y conectaban a la gente directamente con su origen, las estrellas. Habían entre siete y nueve *wakas* por cada *seque,* sumando un total de 328. De acuerdo con las crónicas españolas, cada *waka* representaba a un día del año.[7] Sin embargo, solo habían 328 *wakas,* no 365. Los etnoastrónomos Tom Zuidema y Gary Urton, quiénes han estudiado a los incas, indican que la diferencia puede ser explicada en notando que las Pléyades son invisibles en la latitud arriba de Cuzco durante los 37 dias que faltan.

Los astrónomos antiguos del tiempo de Wayu, llamaban a las Pléyades el "gran Granadero." En Quechua, las Pléyades son referidas como *collca*, que quiere decir granero, mientras que en el norte de Bolivia el término Quechua usado para las Pléyades es *coto*, que quiere decir un puñado de semillas.[8] Así es también como los mayas veían a las Pléyades.

En lenguaje oculto, las enseñanzas esotéricas nos dicen que el aspecto divino de la forma humana vino de las estrellas y que el grupo estelar de las Pléyades proveyeron la copia del plano para la consciencia humana. Estas copias de planos pueden ser consideradas como los códigos de luz actuales que han sido implantados dentro de la forma humana.[9] Estos códigos de luz pueden ser vistos como pensamientos divinos en forma que proveen el catalizador que despierta en la humanidad a la luz que trae la conciencia superior.

Una analogía útil para éste proceso humano es la semilla de cualquier planta común. Por ejemplo, la semilla de cualquier flor tiene dentro de ésta a un código oculto que está contenido en el ADN de la planta, el cual se activa bajo ciertas condiciones: el tiempo del año, la cantidad de luz de sol y de humedad. El código causa que la semilla germine, crezca, florezca, dé fruta, produzca semilla, y luego repita el mismo ciclo. De la misma manera, los códigos de luz dentro de la forma human pueden ser vistos como el ADN espiritual, como las fuerzas internas que impulsan el proceso de iluminación. La maduración final de la semilla de dios en cada ser humano es la divinidad, un ejemplo de la cual es la conciencia del Cristo.

Los textos esotéricos trazan a la semilla de iluminación al gran Granadero, las Pléyades. En la antigüedad, en las culturas de por todo el mundo, las Pléyades eran llamadas el "semillero," la "cuna," y "el trono de los códigos." Los practicantes esotéricos como J. J. Hurtak creen que la huella divina, la ropa de luz pre-física que le permite a la forma humana a contener a la conciencia divina, está asociada con las Pléyades.[10]

La ropa de luz pre-física es similar a la idea de la intención divina. Fué a través de la intención divina que la conciencia divina pudo entrar el vientre de la materia, los parámetros físicos de nuestra realidad. Esta es la realidad que percibimos con los cinco sentidos —una que existe dentro del tiempo lineal, que se puede medir y que energéticamente es muy densa. Como la materia no es penetrada fácilmente por la luz, la energía sagrada que vino de las Pléyades proveyó la interfaz necesaria para que las energías más refinadas, en la forma de luz, pudieran ser contenidas en el mundo de tres dimensiones, el plano físico. De esta manera ayudaron a unir a las energías refinadas de la luz de la conciencia con las energías mas densas de la materia.

En las historias de la creación de la gente de alrededor del mundo, existen muchas referencias a la intervención de fuentes divinas afuera de nuestro sistema solar.[11] Además de aludir a las Pléyades en tal contenido, algunos de los textos esotéricos también se refieren al significado de la constelación de Orión. De acuerdo a Hurtak, Orión proveyó a los cuerpos de luz pura sobre los cuales fueron programados los códigos de luz sagrada de las Pléyades. También se ha dicho que Orión es la fuente de todo el "gnosis" —el poder espiritual de la fuerza divina misma.[12]

LAS SEMILLAS HUMANAS DE LUZ

De acuerdo con algunos relatos esotéricos, como los de Hurtak y los mitos de la creación de Sumeria y de Babilonia de donde los mitos de donde mas tarde se pudieron haber derivado los mitos de la creación Hebraica, uno de los propósitos del humano espiritual, la semilla, era la de crear una especie nueva capaz de acarrear la luz de la conciencia superior.[13] Ésta especie es conocida como la Raza Adánica, o el Adán Kadmón. Los gnósticos y otros textos enfatizan que el Adán Kadmón es una especie de luz que está evolucionando continuamente y que está hecha en la "imagen y similitud" de los Elohim (ángeles). Los mitos mayas y hopis también se refieren al concepto de una creación que esta evolucionando continuamente.[14]

Muchas de estas tradiciones hablan de los seres andróginos que parecen dioses conocidos en los relatos Hebraicos antiguos como los Elohim. Dentro de ésta jerarquía del mundo espiritual, los Elohim son considerados como ángeles poderosos que personifican la inteligencia superior y los poderes creativos, y que se sientan a la diestra de Dios mismo. Algunas fuentes dicen que los Elohim estan conectados con la constelación de Orión.[15]

Las tablas de los sumerios y los babilonios, que provienen de unas de las civilizaciones más antiguas de este planeta, describen a extranjeros llamados "serpientes" que eran "los brillantes y los radiantes" con ojos brillantes grandes y caras luminosas. Eran estos seres quienes supuestamente trajeron a las culturas de los Sumerios y los Babilonios las semillas de la civilización.[16]

Textos hebraicos posteriores, que dicen haber sido escritos por un escriba llamado Enoch, describen a seres conocidos como "Los Brillantes" que llegaron hace como 10,000 años al lugar que ahora es el Líbano.[17] Las escrituras que son acreditadas a Enoch ya no se encuentran en el Antiguo Testamento y están consideradas entre los textos apócrifos, u "ocultos," junto con los textos Gnósticos "heréticos." Relatos de éstos seres sobrenaturales eventualmente se incorporaron en la tradición popular de los ángeles Hebreos, en donde los seres vinieron a ser llamados los Serafines, la orden más alta de ángeles y las "serpientes voladoras ardientes de los relámpagos."[18]

Es interesante el notar, así como fué señalado por el angelólogo moderno Malcom Godwin, que la raíz de la palabra *El* (contenida en *Elohim*), es una expresión antigua con orígenes comunes en muchos lenguajes. Por ejemplo, en sumerio *El* quiere decir "resplandor o reluciente," en babilónico *Ellu* quiere decir "el resplandeciente," en inglés *elf* quiere decir "ser brillante"; y en Anglo-Sajón, *aelf* quiere decir "ser radiante."[19]

El concepto de seres luminosos creadores también se encuentra en el *Libro de Dzyan* tibetano, que describe a unos luminosos que producían una "forma que no era de forma," "que brillaban como el sol," y eran "dragones divinos resplandecientes de sabiduría de serpiente."[20] Además, así como veremos, hay relatos de intervención de hombres dioses luminosos que también eran llamados serpientes por toda Mesoamérica y Perú.

Los Elohim, quienes en tiempos variados han sido conocidos como "hombres dioses," "seres espaciales," "los hermanos mayores," y "maestros mundiales," tienen una historia larga de interceder con el planeta. Para ellos, la Tierra es un jardín sagrado en el cual se han hecho muchas plantaciones. Ellos son los jardineros mayores responsables por la propagación numerosa de la semilla, y ellos han hecho muchos atentados para mejorar la inteligencia y la conciencia espiritual de la forma humana. Nosotros bien podríamos ser ambas metafóricamente y literalmente la semilla de los Elohim.

Esos de nosotros que fuimos formados por la visión mundial judía-cristiana, hemos sido enseñados que "el hombre está hecho en la imagen y en la semejanza de Dios."[21] Mientras que esto es seguramente la verdad, es importante el recordar que el trabajo de la creación no está completado todavía. El trabajo de los Elohim de ensemillar a la conciencia de la raza espiritual del hombre es un proceso en curso.

Leyendo cuidadosamente el pasaje bíblico citado antes actualmente apoya la idea de una conciencia que continuamente está evolucionando. La palabra *en* sugiere que la evolución está en curso mientras que la palabra *semejanza* nos dice que estamos hechos así como el creador (en este contexto los Elohim), implicando que en la dimensión física la materia tiene la habilidad de mantener luz. Esta es una realización profunda que significa que todos tenemos la capacidad de mantener y de irradiar luz.[22]

LOS SEMILLEROS LEMURIANOS Y ATLANTEANOS

Los mitos de muchas culturas hablan de civilizaciones antiguas pérdidas. Las civilizaciones legendarias de Lemuria y Atlántida son todavía parte de la memoria colectiva humana. Ya sea que los mundos antiguos de Lemuria y Atlántida existieron aparte del mito no importa, ya que la idea ahora es parte permanente de la experiencia humana y ha formado a nuestra visión del presente y del futuro.

Los relatos esotéricos nos cuentan que los primeros semilleros de los Elohim ocurrieron en los mundos antiguos de la prehistoria, hace unos 36,000 años o antes.[23] En estas tradiciones antiguas, el mundo de Lemuria o "Mu" (un gran continente isla en el Océano Pacífico cerca de Sur América) fué el primer mundo, o el mundo Madre.

De acuerdo con la leyenda, los lemurianos eran seres luminosos que tenían contacto directo con inteligencias superiores. Según se dice, ellos tenían una percepción colectiva —es decir, ellos tenian pensamientos compartidos, podían percibir como un todo, y eran muy telepáticos. En su tiempo, la conciencia humana no había sido totalmente integrada a la realidad física densa; y los lemurianos existían más en el dominio etéreo que en el físico. Todavía no habían dejado el Jardín del Edén.

El folclore peruano está lleno de referencias a los lemurianos. Se cree que la ruinas de Tiahuanaco estan asentadas encima de las ruinas de otra cultura todavía más antigua que existió antes de que los Andes fueran empujados para arriba. De acuerdo con la leyenda, Tiahuanaco, que una vez estuvo al nivel del mar, representa a los restos del continente de Lemuria —que fué sumergido antes de 30,000 a.C. como el resultado de enormes catástrofes geológicas. La implicación es que los tiahuanacos, de donde los incas alegan que descienden, eran el vestigio de la semilla de los lemurianos.

Otra siembra se dice haber ocurrido en el mundo perdido de Atlántida, cuyos restos físicos se alega que yacen en el Océano Atlántico. Algunos relatos colocan a Atlántida en el Triángulo de Bermuda, mientras que otros alegan que Atlántida estaba en el Mediterráneo y sugieren que la isla griega de Santorini[24] es el vestigio del mundo perdido. Se dice que los atlanteanos eran un raza altamente avanzada con una civilización tal como la que el mundo no había visto anteriormente. Muchos creen que cuando su tierra natal fue destruida, los atlanteanos emigraron a Egipto, Mesopotámia, India, y Tibet, sembrando muchas civilizaciones nuevas.

Prácticamente toda la gente de Mesoamérica tiene historias acerca de como sus antepasados más antiguos vinieron de una tierra del este en botes después de una inundación enorme. Aunque la teoría de una división continental está aceptada en gran parte, existe también suficiente documentación científica acerca de una inundación mundial mayor que sucedió hace más de 10,000 años, al final de la última Era Glacial. Por ejemplo, el geólogo Cesare Emiliani de la Universidad de Miami, ha establecido incuestionablemente, por medio de taladrado extensivo del centro del Golfo de México, que toda la Península de Yucatán fué inundada hace 12,000 años. Además, se ha determinado que el Golfo de México se elevó tanto como 130 pies más arriba del nivel del mar presente cuando los últimos glaciares se derritieron.[25]

Claramente, en los tiempos antiguos hubo numerosas catástrofes en la tierra que habrían afectado profundamente a toda la vida humana, animal, y vegetal. Sin embargo es importante el reconocer que la inundación a la que se refieren comúnmente en las historias del origen desde Mesoamérica a Perú, puede haber sido un evento psicológico en vez de físico.[26] Desde una perspectiva mitológica, una inundación puede representar un período en donde la conciencia superior de un grupo, está sumergida en las ondas del subconciente, un período de la transformación repentina de la visión cultural del mundo durante la cual el conocimiento antiguo es abandonado por creencias nuevas, o un tiempo en que el progreso evolucionario es impedido.[27]

Es irrefutable que un evento ya sea físico o psicológico sucedió temprano en la historia humana de lo cual tenemos sólo una memoria vaga y colectiva. Tal vez nunca vamos a poder comprobar que fué lo que actualmente ocurrió puesto que nuestro conocimiento de la historia humana antigua ha estado sumergido de tiempos debajo de las aguas de inundación del tiempo. Y aunque los arqueólogos continúan buscando a Lemuria y a Atlántida, podría ser inútil el discutir si estos mundos antiguos en realidad existieron, puesto que ya son una parte bien establecida de la mitología humana y sirven el propósito importante de traducir la sabiduría antigua a la conciencia moderna.

LAS CULTURAS ENSEMILLADAS DE MESOAMÉRICA Y PERÚ

Hay irrefutable evidencia de culturas (conocidas como la Olmeca, la Teotihuacana, la Zapoteca, la Maya, la Tiahuanaco, y un tanto más tarde la Inca) siendo sembradas simultáneamente en Mesoamérica y Perú. Sumamente evolucionadas en la espiritualidad, estas culturas estaban regidas supuestamente por reyes sacerdotes y hombres dioses de quienes estas trazaban su linaje, todos se consideraban a sí mismos como niños de la luz.

A pesar de que la mayoría de los manuscritos originales de las culturas antiguas encontrados en Mesoamérica, fueron destruidos por los clérigos españoles fervorosos que consideraban a estos archivos como aberraciones paganas, unos pocos sobrevivieron a este fanatismo.[28] Uno de los más importantes de éstos, el *Popol Vuh*, está considerado como la Biblia de la mitología maya. Los otros proveen información fragmentada acerca de la gente antigua de Mesoamérica. Por ejemplo, aunque talvez en un tiempo más tarde los *Libros de Chilam Balam* discuten el origen de los primeros habitantes de Yucatán, llamados Chanes o "la Gente de la Serpiente," quienes supuestamente vinieron en botes con su dirigente Zamma en el año 219 d.C.

Se ha descrito a Zamma como a la "Serpiente del Este," un hombre que parecía dios. Se dice que el era un sanador poderoso, quien como una figura de Cristo, podía curar poniendo las manos encima y podía revivir a los muertos.[29] En los mitos y las historias de la región de Yucatán hay muchas referencias a la "gente de la serpiente."[30] Las serpientes, algunas veces llamadas *nagas*, parecen componer una escuela arcaica de misterio con dirigentes que estaban considerados ser iniciados espirituales poderosos. Algunos eruditos creen que las *nagas* eran sobrevivientes de la Atlántida y que pueden haber tenido orígenes extraterrestres.[31] Aún ahora existen grupos en Mesoamérica que trazan su linaje a las serpientes legendarias, como los tacuates del estado de Oaxaca, quienes mantiene una tradición *nagual* firme.

En este contexto, es interesante el examinar unos de los varios significados esotéricos de la palabra "serpiente." El término a veces se refiere a la energía kundalini (la fuerza de vida yogíca que yace enroscada en la base de la espina dorsal hasta que es despertada y enviada a la cabeza para provocar iluminación) que se levanta como serpiente hacia arriba en el sistema humano de las chakras. Una chakra, según el hinduismo y el budismo tántrico, es un punto focal en donde las fuerzas psíquicas y las funciones corporales se mezclan y se relacionan. Existen algo así como 88,000 chakras en el cuerpo. Las seis mayores están ubicadas a lo largo de la espina dorsal, y la séptima, llamada la chakra de la corona, se encuentra en el tope del cráneo. La más baja de las siete se encuentra en la base de la espina dorsal y está asociada con los misterios de la potencia divina atribuidos a la fuerza de la kundalini. Se cree que esta fuerza es una energía cósmica que yace latente dentro de todo el mundo y puede ser visualizada como una serpiente enroscada en la base de la espina dorsal. Varias técnicas de los yogis pueden elevar a esta energía por la espina dorsal, chakra por chakra, hasta la corona en donde se dice que entonces ocurre la auto-iluminación.[32] Existe documentación de que unos ritos de iniciación antiguos de alrededor del mundo tenian la intención de realizar a este proceso.[33] Además, de acuerdo con historias bíblicas y de los sumerios, la palabra "serpiente" se deriva de la palabra *nahash,* que quiere decir "él que descubre las cosas, él que descifra."[34]

Así como veremos, la gente indígena de Mesoamérica evidentemente tenían acceso al conocimiento sagrado antiguo, aunque su fuente de origen es desconocida. Figuritas y otras representaciones de sacerdotes reyes de Mesoamérica de una edad temprana, encontrados en el área de La Venta —una colonización Olmeca antigua ubicada cerca del borde de los hoy en día estados de Tabasco y Veracruz— y otros lados, enseñan a hombres altos, con barbas, de togas largas, adornos de cabeza, con rasgos que tienen características semíticas, fenicias, negroides, o chinas.[35] Aún Quetzalcoatl —un hombre dios jefe Tolteca y azteca identificado con la lluvia, Venus, y la estrella matutina, y representado por una serpiente emplumada— era representado a veces como un ser alto, barbudo. Es bien conocido que la gente indígena de Mesoamérica, cuyos antepasados supuestamente vinieron a este continente por el Estrecho de Bering, no tenian la capacidad genética de crecer barbas, no eran altos, y ni tenían facciones que eran claramente africanas, europeas, u orientales. Aunque no sabemos quienes eran estos sacerdotes reyes u hombres dioses o de donde venían, ellos aparentemente les introdujeron a la gente de Mesoamérica a las grandes iniciaciones y al camino de los grandes misterios.

En el Monte Albán, una ciudad en ruinas de los zapotecas cerca de Oaxaca en el sur de México, existe una colección de estelas muy antiguas, figuras en varias posturas grabadas en losas de piedra. La evidencia de que los mayas usaron la cuenta larga (el sistema usado en las estelas para describir exactamente una fecha dada), fué encontrado en en estas losas. Ésta evidencia fechó a las losas a por lo menos 600 a.C. Ellos también mostraron un conocimiento sofisticado del sistema humano de las chakras y del uso de la kundalini. Ellos representan a las figuras humanas en varios estados de éxtasis como si estuvieran danzando entre los mundos y probablemente están relacionados con ritos poderosos de iniciaciones.

Exploraciones anteriores de culturas mesoamericanas han producido más detalles de las tradiciones antiguas y del uso del conocimiento sagrado. Augustus Le Plongeon, un francés, fué el primer aventurero europeo que consiguió la confianza de los mayas antiguos. Junto con su esposa Alicia se pasó unos 12 años en viviendo entre ellos en los 1870. Durante este tiempo la gente compartieron con el sus tradiciones secretas por las cuales los españoles habían quemado en la hoguera a muchos de sus antepasados. Le Plongeon aprendió que los mayas todavía practicaban la magia y describió a chamanes que desaparecían y re-aparecían, así como el don Juan de Carlos Castañeda, quiénes hacían que objetos extraños aparecieran y desaparecieran.[36] Tales prácticas no son diferentes a esas de los *siddhis* o de los poderes de los grandes yogis de la India contemporánea. Le Plongeon describe las actividades de los chamanes mayas de la siguiente manera:

"Algunas veces el lugar en donde ellos estaban operando parecía sacudirse como si un terremoto estuviera ocurriendo, o girar dando vueltas y vueltas como si fuera acarreado por un tornado. Algunas veces ellos [los chamanes] parecían estar bañados en una luz brillante y resplandeciente, y las llamas parecían salir de las paredes sólo para se extinguidas por manos invisibles en la oscuridad mas profunda en donde destellos de relámpagos hacían que la oscuridad pareciera mas oscura."[37]

Tales historias de lo milagroso planteó preguntas serias acerca de quienes fueron éstas gentes antiguas. Aunque existen muchas teorías que sugieren que la gente de Mesoamérica y Perú fueron descendientes de Atlántida y Lemuria, preguntas acerca de la identidad de éstas gentes antiguas nunca han sido contestadas definitivamente. Sin embargo, a pesar de un conocimiento limitado, hay una cantidad considerable de información (incluyendo el fechar a las ruinas con métodos modernos) que le da crédito a la idea que las civilizaciones mesoamericanas eran restos de semilleros muy anteriores.

Un caso en hecho es evidencia sugerida por William Niven, un ingeniero minero que trabajaba para una corporación mexicana y que entre los años de 1910 a 1930, descubrió cerca de la Ciudad de México los restos de dos civilizaciones prehistóricas distintas. Basado en la estrata en que fueron encontradas estas ruinas, se creen que éstas tienen más de 50,000 años de edad. Sin embargo, como no había evidencia de ninguna otra civilización que fuera tan antigua, los académicos convencionales totalmente ignoraron sus descubrimientos. Pero los creyentes en la existencia de Atlántida se pusieron bien entusiasmados y popularizaron sus descubrimientos rápidamente para poder mantener sus teorías.

El descubrimiento más dramático entre todos fué el de 2,600 lápidas de piedra con pinturas o pictografías extrañas, encontradas en una aldea cerca de la Ciudad de México. Basada en la estrata en que fueron encontradas, las lápidas se creen que tienen de entre 12,000 a 50,000 años de edad. Algunas de las lápidas incluían figuras que representaban ciertos gestos y símbolos masónicos que todavía eran practicados por los Masones en el tiempo de Niven. Estas figuras demostraban un conocimiento de misterios antiguos que continúan siendo las bases de las grandes escuelas de misterio.[38]

Aunque el origen de las previas civilizaciones de Mesoamérica permanece un misterio, sabemos que en las áreas por toda Mesoamérica y Perú, las culturas aparecieron rápidamente y casi simultáneamente, desarrollando rápidamente unas civilizaciones muy avanzadas. Distinto a lo que el mundo había visto previamente, estas civilizaciones eran ambas tan evolucionadas espiritualmente así como estables materialmente. La gente de estas civilizaciones construyeron pirámides enormes y centros ceremoniales masivos y tenían un conocimiento de las matemáticas y la astronomía muy desarrollado. Luego, así tan misteriosamente como estas civilizaciones, que aparentemente estaban desconectadas pero que eran avanzadas, habían aparecido, así también desaparecieron —todas alrededor del mismo tiempo. En Teotihuacán, Palenque, Monte Albán, Tiahuanaco y por toda Mesoamérica, tan temprano como en el 650 d.C., muchos de los templos, pirámides, y centros ceremoniales más extraordinarios fueron abandonados —destruidos por sus constructores y en algunos casos actualmente enterrados. De acuerdo con el folclore, los sacerdotes reyes desaparecieron un día, haciendo la jornada por el río y el puente grande cósmicos de la Vía Láctea hacia la tierra de los dioses.

OTROS ATENTADOS PARA CREAR A LA GENTE DE LA LUZ

Hay evidencia que los semilleros divinos no estuvieron limitados solo a Perú y Mesoamérica. En Egipto, algunos investigadores creen que las Grandes Pirámides y la Esfinge son mucho más antiguas de 4,000 años.

Sin tener en cuenta sus edades, es ampliamente especulado que las culturas previas de ambos Mesoamérica y Egipto son los restos de la civilización de Atlántida. Además, más fuentes esotéricas sugieren que los primeros reyes sacerdotes que gobernaron a estas civilizaciones eran seres divinos como los Elohim míticos.[39]

Alguna gente creen que otra siembra de los Elohim ocurrió hace como 6,000 años en el Medio Este. Se ha especulado que después de años de andar vagando, esta gente ensemilladas eventualmente llegaron a Egipto y fueron conocidos como los hebreos.[40] El propósito de esta siembra fué el de crear otra vez a gente de la luz que tendrían una capacidad superior para pensar universalmente y una estructura física capaz de percibir frecuencias vibratorias más altas que la masa de la humanidad.

Es interesante el notar que Moisés el gran dirigente Hebreo se decía haber sido un alto iniciado que vino de Heliópolis, la ciudad del sol. El nombre Moisés, o Musa, era un nombre que quería decir "enviado," y fué dado a los sumos iniciados. La variación griega se traduce como el "hijo del sol" que fué la denominación dada a los incas.[41] Moisés apareció al final de la era astrológica de Tauro y era el responsable de anunciar a la nueva era de Aries, comprometiéndose el llevar a su gente a "la Tierra Prometida," que era el "Reino de la Luz" —un reino interior. Fué dicho que "la luz brillaría en la oscuridad: pero que la oscuridad no la comprendería."[42]

Este pasaje bíblico se podría referir al proceso de iniciación, que fué identificado con la luz y la iluminación. El objetivo de todas las ceremonias de iniciación era el de permitirle a los individuos a ver a la belleza verdadera y a ganar el conocimiento de la verdad.[43] Desafortunadamente, durante el tiempo de Moisés, así como había sucedido antes, las enseñanzas fueron dogmatizadas pronto y su potencia fue destruida. La semilla plantada dentro de la gente escogidas no continuó desarrollándose, así que la oportunidad de una conexión duradera con la divinidad pronto se perdió.

Seria apropiado el ver ésto como el último atentado de los Elohim para intervenir directamente en el desarrollo humano manipulando el linaje o forma humana en el dominio físico. Tal vez no hubieran habido otros atributos especiales para una raza o tribu. Sin embargo, éste no fué de ninguna manera su último esfuerzo para despertar a la forma física a su función heredada como un vehículo de la luz. En vez, la semilla pudo haber sido plantada en toda la humanidad. Y los Elohim, sin duda no abandonaron a sus semilleros sino que continuaron criando a las semillas más indirectamente como maestros del mundo.

LOS GRANDES JARDINEROS —LOS MAESTROS DE NUESTRA MUNDO

A través de los eónes, los Elohim enviaron a numerosos maestros mundiales a la Tierra para que despertaran y ayudaran a la gente en sus adquisiciones de la conciencia espiritual superior. Así que se ha dicho que cuando el gran Wiraccocha vino a los Andes despues de la gran inundación, el trajo la luz a la gente. El les ayudó a la gente andinas antiguas a emerger de un largo período de oscuridad que había caído sobre su mundo despues del derrumbe de la civilización antigua precedente ésta. Desde esta perspectiva los Incas fueron los últimos vestigios de un particular ensemillado de luz anterior. Es probable que, por toda la historia, los Elohim han bajado a la Tierra en forma física para cuidar a sus semilleros. Uno de los grandes maestros del mundo vino mucho antes que Wiraccocha en la forma del gran egipcio conocido como Tehuti, o Thoth —que más tarde fue llamado Hermes Trismegistus por los griegos.[44] El legendario Hermes les trajo a su gente muchos regalos incluyendo las artes, las matemáticas, la astronomía, la astrología, y todo tipo de sanaciones.

Sin embargo, su regalo principal fue la doctrina de la luz interior y las enseñanzas de Osiris. Hermes enseño que la luz era universal y que la luz, que era Dios, habitaba en el corazón de cada hombre. Él hacía que los egipcios antiguos repitieran, "Yo soy la Luz," y él habló acerca de la naturaleza verdadera de la luz.

> . . . La luz es el hombre verdadero, aunque los hombres tal vez no lo reconozcan aunque ellos lo descuiden. Osiris es la Luz. Él vino de la luz. Él mora en la Luz, Él es la Luz, La Luz está oculta por todos

lados; esta en cada roca y en cada piedra. Cuando un hombre se hace uno con Osiris la Luz, entonces el se hace uno con el todo de lo que él era una parte, entonces él puede ver la Luz en todo el mundo, por muy densa que esté velada: Todo el resto no lo está; pero la Luz es. La Luz es la vida de los hombres. Para cada hombre —aunque hayan ceremonias gloriosas, aunque hayan muchos deberes para que el sacerdote los haga, y muchas formas en las que el deberia a ayudar al hombre— que la Luz está mas cerca que cualquier otra cosa, dentro de su corazón mismo. Porque para cada hombre la realidad está más cerca que cualquier ceremonia, y las ceremonias no se deberían de parar, porque Yo no he venido a destruir sino a realizar. Cuando un hombre sabe, él va más allá de la ceremonia; él va hasta Osiris, él va hacia la Luz, la Luz Amen-Ra de la cual todos han venido, a la cual todos van a retornar.[45]

Al faraón Hermes lo dió el lema: "Busca a la Luz." Él le enseño al faraón que sólo un rey que tuviera a la luz en su corazón podría gobernar bien. A la gente, Hermes les dió el lema: "Vosotros sóis la Luz. Dejad que la Luz brille." Y la gente aprendieron a decir de sus muertos, "Ellos se han ido a la Luz." Finalmente, a los sacerdotes, Hermes les dió instrucciones secretas que se hicieron parte de las grandes enseñanzas del misterio.

Grandes dirigentes y maestros, los que sus seguidores creían que eran hombres dioses, también vinieron a la gente tolteca y zapoteca de América Central, quienes eran supuestamente parte de los mismos vestigios de la semilla (descendientes de las semillas de dios plantadas en los tiempos antiguos). Quetzalcoatl y Pacal Votan son dos de las figuras extraordinarias encontradas en los mitos y los documentos historicos de ésta región. Aunque sabemos muy poco acerca de ellos, juzgando por su legado cultural, sus enseñanzas deben haber sido profundas. Una historia de origen Tolteca primitivo es la historia del Espejo Ahumando, así como fue contada de nuevo aquí por el *nagual* contemporáneo don Miguel Ruiz. Tezcatlipoca, el Espejo Ahumado, era un aspecto de Quetzalcoatl. En tiempos posteriores, Tezcatlipoca representó al mundo de la oscuridad y Quetzalcoatl representó al mundo de la luz. La siguiente es una versión antigua de la historia, del tiempo antes de su polarización:

> Una noche el Espejo Ahumado tuvo un sueño, en una caverna profunda debajo de la gran pirámide del Sol en el sitio sagrado que conocemos como Teotihuacán. Y en este sueño el Espejo Ahumado viajó lejos hacia arriba por la gran pirámide y lejos afuera al cielo nocturno al mundo de las estrellas y de las galaxias arremolinadas brillantes. Él miró arriba y alrededor hacia las estrellas y vió que ellas estaban compuestas de luz. Él vió arriba hacia el espacio que está entre las estrellas, y vió que estaba compuesto de luz. Luego él miró hacia abajo a sus manos y vió que estas, también, estaban compuestas de estrellas y que las estrellas estaban compuestas de luz. Y el vió al espacio que está entre las estrellas que eran sus manos, y él vió que estos estaban compuestos de luz. Y en aquel momento el Espejo Ahumado se despertó para siempre de su sueño de oscuridad, el sueño de este planeta. Él vió que no somos más que Luz. Él vió que todo esta hecho de luz y que la luz de dentro de lo profundo del universo nos trae conocimiento de quienes realmente somos. El Espejo Ahumado descubrió que todos somos los niños de la luz.

Quetzalcoatl, la legendaria serpiente emplumada conocido como el año Uno de la Caña, nacido cerca del año 1000 d.C., se dice haber revitalizado a Teotihuacán, el gran conglomerado ceremonial abandonado siglos antes por los teotihacanos, así como también al Chichén Itza, una ciudad Maya antigua en el Yucatán central, y, tal vez más importante, la visión espiritual de la gente de Mesoamérica. Con muchos de los grandes centros ceremoniales abandonados alrededor del 650 d.C., la mayoría de la vitalidad espiritual de Mesoamérica fué perdida o distorsionada. Hasta el tiempo de Quetzalcoatl, las enseñanzas antiguas fueron olvidadas en gran parte. Quetzalcoatl trajo el último impulso espiritual a la gente de Mesoamérica antes que sus visón del mundo fuera arrastrada por debajo por los aztecas y más tarde por las conquistas españolas.

El filosofo y autor Edmond Bordeaux Szekely cree que Quetzalcoatl fué considerado como el catalista de la luz misma, la fuerza que produjo la germinación de la semilla y a una vida más abundante. Él fue el Osiris de Mesoamérica. Además, de acuerdo con Szelkely, Quetzalcoatl fué el símbolo de la unión de polaridades. Representado como la serpiente con las alas de un pájaro, él representaba la esencia de la lucha hacia la luz. Si el hombre pude vencer a la gravedad, la fuerza que jala su atención a los confines del mundo material, él se puede hacer como Quetzalcoatl, que representa a la luz en la forma física, y al mismo tiempo liberado de los confines de la materia.[46]

Algunos investigadores, como Laurette Sejourne, un arqueólogo mexicano, creen que la ciudad legendaria de Tula, el hogar de Quetzalcoatl, era actualmente Teotihuacán. Las ruinas de Tula, al norte de la Ciudad de México, se piensa que fueron construida y habitadas posteriormente por los aztecas.[47]

Teotihuacán, ubicada justo al noroeste de la Ciudad de México, fue construida por los teotihuacános, una gente que se creía que habían sido precedidos por los olmecas. El gran conglomerado de Teotihuacán, que quiere decir "el lugar en donde el hombre se convierte en Dios," es tal vez la ruina antigua más espectacular en Mesoamérica. El sitio actual incluye los monumentos masivos de la pirámide del Sol y la pirámide de la Luna. Originalmente la ciudad de Teotihuacán se extendía por más de 12 millas y era la ciudad más grande del mundo, con tantos como 200,000 habitantes.[48] De acuerdo con la mayoría de los relatos, ésta fué construida por lo menos 100 años antes del nacimiento de Cristo. Aunque nadie sabe de donde vinieron los teotihuacános, está bien documentado que Teotihuacán era un centro ceremonial enorme y extraordinario. El conglomerado ceremonial completo era una cámara de iniciación diseñada para conectar a la gente, los niños de la luz, con sus orígenes.

El ingeniero norteamericano Hugh Harleston Jr. estableció que el diseño de Teotihuacán presupone una comprensión compleja del sistema solar, incluyendo datos matemáticos, astronómicos y cósmicos extensivos.[49] Harleston encontró que la geometría de la pirámide del Sol funcionaba como un reloj basado en los equinoccios. Es más, los investigadores han verificado que la faz occidental de la pirámide del Sol y toda las calles de la ciudad estaban orientadas hacia la puesta de las Pléyades.[50] Claramente quien quiera que construyó la estructura estaba conciente de datos astronómicos y geodésicos avanzados y extensos. Además, Harleston, descubrió evidencia que la ciudadela era un mecanismo calendario que demostraba a las órbitas exactas de todos los planetas conocidos.[51]

Tal vez aún más increíble, Harleston, encontró evidencia que los constructores de Teotihuacán tenían conocimiento de la velocidad de la luz además de otros conceptos matemáticos avanzados. Matemáticamente, lo que el dedujo acerca del diseño de las paredes y de la estructura de la ciudadela era tan complejo y exacto que el sintió que la arquitectura que resultó sólo podía haber sido producida por una computadora sofisticada.[52] El hecho de que los antiguos podían haber tenido tal conocimiento es en sí extraordinario.

En su libro, *The Mysteries of the Mexican Pyramids* [Los misterios de las pirámides mexicanas], Peter Thompkins especula que los constructores de Teotihuacán tenían que haber estado operando desde un estado de conciencia superior que les permitió el beneficio de unas matemáticas mas cósmicas y por lo tanto mas simples, por medio de las cuales ellos podían establecer relaciones, incluyendo constantes básicas de nuestras matemáticas de la tercera dimensión.[53] Ademas, el sugiere que el complejo de la pirámide fue "planeado para darles una indirecta a los que llegaron tarde de expandir su conciencia para una visión más clara del cosmos y de la relación del hombre con el todo."[54] Así que desde el punto de vista del pensamiento actual, parece que el complejo de Teotihuacán fue una copia del plano para ser usado como un centro de iniciación para los niños de la luz —ambos tanto como a los pasados, a los presentes así como a las encarnaciones futuras. El diseño y la función del complejo entero en ambos su diseño y su función demuestran el conocimiento esotérico avanzado perdido de tiempos por la humanidad. La última gente de Mesoamérica que descifraron tales misterios fueron los toltecas, quiénes bajo el tutelaje de Quetzalcoatl animaron espiritualmente a la mayoría de Mesoamérica antes que su visión también fuera perdida en la historia.

En el Este, otros grandes maestros vinieron a la India y a Tibet para contar la historia de la luz —incluyendo a Krishna, la deidad hindú adorada como la octava encarnación de Vishnu (quien es asociado con el sol), y Buda. Hace 2,600 años aproximadamente, Buda, conocido en varias manifestaciones como "el iluminado," "el iluminador," y "la Luz Infinita," enseño el camino a la iluminación.

Luego, hace unos 2,000 años, una semilla de dios humana, un gran maestro de la tribu Hebrea conocido como Jesús también siguió su misión de enseñar a la humanidad el camino de la luz:

"Yo soy la luz del mundo, aquel que me siga no caminará en la oscuridad, sino que encontrará para sí mismo la luz de la vida." Juan 8:12

"Aquel que crea en mí ya ha visto quien me envío. He venido a este mundo como la luz así que quien quiera que crea en mí no permanecerá en la oscuridad." Juan 12:46

"Porque al principio eráis ignorantes, pero ahora habéis sido iluminados por vuestro Señor y por lo tanto deberéis vivir como niños de la luz." Pablo a los Efesios 5:8

Cerca de 600 años después de la vida de Jesús aquí en la Tierra, otro gran maestro de la luz, Mohammed vino a cuidar el jardín. En la tierra del Islám, Mohammed fué considerado como un reflejo de lo divino, asi como es demostrado en el siguiente pasaje escrito acerca de el:

Dios es la luz
De los cielos y de la tierra.
La parábola de Su Luz
Es como si fuera un Nicho
Y dentro de éste una Lámpara:
La Lámpara encerrada en Vidrio:
El vidrio como si fuera
Una estrella brillante:

Encendida desde un Árbol bendito,
Un Olivo, ni del Este
Ni del Oeste
Cuyo aceite está bien cercano
Luminoso,
Aunque el fuego lo tocó escasamente:
Luz sobre la Luz!
Dios sí guía
A quien Él quiere
A Su Luz.[55]

Estos grandes maestros del mundo fueron, así como esos que vinieron antes que ellos desde las muchas tradiciones y culturas, los grandes Elohim quienes vinieron en forma humana para servir de ejemplos para toda la gente y para preparar a los vestigios de la semillas para la iluminación futura.

Ahora, unos 2,600 años más tarde y casi 500 años desde el tiempo de Wayu, la humanidad se para a la entrada de un nuevo despertar colectivo. Así que los ciclos cósmicos del tiempo nos están diciendo, es la hora de una vuelta mayor en el camino de espiral de la conciencia humana que evoluciona, cuando la luz que ha descendido a la materia empieza el ascenso de regreso a su origen, la luz. Los grandes maestros han enseñado el camino hacia la conciencia superior. Ahora es esencial que todos los niños de la luz encuentren su propia luz interior. Esta es la clave de todos los grandes misterios.

Somos y siempre hemos sido semillas de dios, representando el drama de un proceso evolucionario que va ultimadamente a dirigirnos hacia la divinidad total. Que las enseñanzas del misterio han durando por tanto tiempo le presta credibilidad a este punto de vista. Es hora que la humanidad se despierte a los códigos de luz que están profundos dentro de cada persona, para lograr una conciencia superior y un comprendimiento más grande de nuestro papel en el universo.

3

LOS SEMILLEROS MAYA E INCA

No sabemos quienes fueron la gente antigua de Mesoamérica y de Perú o de donde vinieron. Los archivos que ellos dejaron, incluyendo los jeroglíficos grabados en las placas de piedra, fragmentos de cerámicas, y ruinas de estructuras megalíticas, permanecen misteriosos. No hay historia cultural intacta. Sus leyendas han sido tergiversadas por los clérigos del siglo decimosexto. Sin embargo, aún el curso el estudio más superficial indica que había algo extraordinario acerca de los olmecas, los zapotecas, los teotihuacános, los mayas, los tiahuanacos y los incas. Indudablemente, ellos sabían de donde venían y el por qué estaban aquí.

Debido a que los documentos de esas culturas antiguas no son precisos, y las interpretaciones de su visión del mundo han sido limitadas y culturalmente predispuestas, nuestra perspectiva acerca de estas culturas es subjetiva por necesidad. Sin embargo, lo siguiente es un atentado para representar la visión del mundo de ésta gente antigua, para poder comprender más lo que se perdió cuando éstas culturas fueron devastadas y desaparecieron.

LAS EDADES MUNDIALES
DE LOS ANTIGUOS

Las culturas que florecieron a través de Mesoamérica y del Perú antiguo se deterioraron mucho antes de la llegada de los documentos históricos escritos. Éstos fueron semilleros prósperos de la conciencia, atendidos cuidadosamente por los Elohim, los grandes hombres dioses del pasado mitológico.

Esto no quiere decir que visto desde la perspectiva del siglo vigésimo, estas culturas no tuvieron problemas. Éstas personificaron injusticias y desigualdades sociales encontradas por todo el mundo. Aun en su mejor luz algunas de sus prácticas sociales —que incluían sacrificios humanos— nos parecen extrañas, mientras que en su peor luz estas parecen bárbaras. Aunque tal vez nunca podramos comprender completamente a éstas culturas, está claro que ellas tenían algo que hemos perdido.

Un concepto importante para la gente inca, maya, y azteca era la noción de las edades del mundo. Esta idea es importante para que se puedan comprender ambos tanto la visión del mundo de éstas culturas como descifrar el simbolismo de sus mitos.

La noción de los incas acerca de las eras del mundo fue primero expresada por escrito en 1584 por Felipe Guamal Poma de Ayala, un noble que vivía en Perú. Él le escribió una carta al Rey Filipe II de España animándolo a que adoptara una política más indulgente para con la gente de Perú basada en que ellos eran bastante civilizados, y que sin duda lo habían sido ya por un tiempo, y por lo tanto no deberían ser tratados bárbaramente por los Españoles. Sin embargo el rey no se conmovió.[1]

En esta carta, Poma de Ayala describe el concepto de las cinco edades del mundo de los incas. De acuerdo con su relato, en la primera era, la gente vivían en cavernas, competían con animales salvajes, y "vagaban perdidos en una tierra desconocida, llevando una vida nómada." En la segunda era, la gente vivían en casas redondas ordinarias, estropearon a la "tierra virgen," y vivían en asentamientos. En la tercera era, la cual fue una era dorada, la gente vivía en casas como las de su tiempo, tenían costumbres matrimoniales, desarrollaron una agricultura compleja, compartían una tradición de emerger desde los manantiales y las cavernas sagradas, y más importante, vivían juntos en armonía. No hubo conflicto en su mundo hasta la cuarta era, la cual fué conocida como la Era de los Guerreros —un tiempo de conflicto armado. Finalmente, la quinta era fué el período del gran Imperio Inca, que continuó a través del tiempo de la conquista española. Interesantemente, el termino "sol" es usado intercambiablemente con el concepto de la edad del mundo. De esta manera, el Imperio Inca se levantó durante el tiempo del quinto sol o de la quinta era del mundo.

En el mundo contemporáneo hay una tendencia de pensar que la realidad, de la manera en que la percibimos, es esencialmente inalterable. En contraste, las culturas indígenas de Mesoamérica y Perú comprendían que la realidad era dinámica. Ellos marcaron el nacimiento de una realidad nueva, o una visión del mundo, con el advenimiento de un sol nuevo, que trajo una vitalidad renovada y ultimadamente, una realidad cultural nueva. Podría ser que basada en los hechos verdaderos, cada era anterior, o "sol," fué destruida debido a alguna catástrofe física y que la siguiente era nació del caos resultante. O tal vez sea que la catástrofe que estaba causando una era nueva, era ante todo de naturaleza psicológica, así como los traumas emocionales que resultan de un trastorno cultural masivo. De todas maneras, las inundaciones de los cambios grandes y rápidos arrastraron todo excepto los residuos del recuerdo de las eras anteriores.

El padre español e historiador, Martín de Mureau también escribió acerca del concepto Inca de los cinco soles:

> Desde al creación del mundo hasta éste tiempo han pasado cuatro soles sin [contar] el que nos ilumina a nosotros actualmente. El primero fué perdido por el agua, el segundo por la caída del cielo en la tierra . . . el tercero ellos dicen que falló por el fuego. El cuarto por el aire. Ellos toman en gran cuenta a éste quinto sol y lo han pintado y simbolizado en el templo de Curicancha [el Templo Inca del Sol en Cuzco] y lo han colocado en sus quipus hasta el año 1554.[2]

EL CONCEPTO DE LA
REALIDAD DEL ESPACIO/TIEMPO

Para poder comprender verdaderamente la idea de una era mundial desde la perspectiva de los incas, es necesario el captar de cómo sus ancestros miraban a la realidad física. Primero, su concepto de la realidad era de niveles múltiples. Los incas usaba el termino "este tiempo/espacio" cuando se referían a la realidad que nosotros percibimos normalmente en tres dimensiones por medio de nuestro cinco sentidos. Ellos no limitaban su percepción al tiempo lineal que define nuestra realidad básica; ellos comprendieron que habían otras realidades y que éste espacio/tiempo era relativo a la perspectiva. Muchos años después de que el Imperio Inca se derrumbó, Albert Einstein comprobó que este espacio y tiempo eran efectivamente relativos. Aunque el término del espacio/tiempo continuo está asociado con Einstein, éste también fue comprendido por los incas.

Esos de entre los incas y otras culturas indígenas que llegaron a dominar a estas amplias habilidades preceptúales eran capaces de funcionar en dimensiones múltiples. Ellos desarrollaron estas capacidades a través de los rigores del entrenamiento y de iniciaciones espirituales. Aunque ahora no podemos comprender por completo tales habilidades preceptúales multifacéticas, estas destrezas no fueron pérdidas completamente sino que han sido conservadas en las tradiciones *naguales,* chamanicas y místicas. Además, tales capacidades superiores existen en todos nosotros, ya sea que las percibimos o no.

Los incas creían que cada era mundial nueva cambiaba la percepción del espacio/tiempo y de la realidad lineal. Es por eso que del gran Inca Pachacuti, el noveno dirigente Inca, se ha dicho que le dió vuelta al espacio y al tiempo. El no sólo levantó al Imperio Inca, sino que trajó una percepción nueva del mundo, iniciando al quinto sol, o la quinta era mundial.

Se ha dicho que la luz del sol acarrea el conocimiento superior, que es quizás la base de su adoración por todo el mundo. La creencia por todo Mesoamérica y Peru que cada era mundial nueva fué inaugurada por un sol nuevo apoya esta idea. Cuando la luz de un sol nuevo brilló sobre el mundo, trajo con ella una potencia nueva y un conocimiento nuevo.

Los mayas y los aztecas tambien incorporaron conceptos similares de soles o de las eras del mundo, a su visión del mundo. Los aztecas creian que habian habido cuatro eras mundiales anteriores y que sus cultura llego a su importancia en la quinta era, documentado por el famoso calendario de piedra azteca. Ordenado alrededor del dios sol, Tonatiuh, estan los símbolos de las cuatro eras, que también aparecen en manuscritos como *La leyenda de los soles*, *El códice Chimalpopoc*, y *anales de Cuauhtitlán*. Estos relatos describen ciclos de tiempo de 52 años, los siglos aztecas.

LA LINEA DE TIEMPO MAYA

El mundo maya, que en un tiempo ocupó la mitad oriental de Mesoamérica, incluía todo desde la Guatemala del presente dia, Belice, la Península de Yucatán, Honduras occidental, El Salvador, la mayor parte de México al este del Ismo de Tehuntepec, y la mayoría de Chiapas. Así como los aztecas, los mayas creían que habían creaciones múltiples y que cada una estaba marcada por un sol diferente. Sin embargo, los mayas marcaban el tiempo con cuatro eras, no cinco. El calendario maya documenta el principio de la era actual como entre el 6 y el 13 de agosto de 3113 a.C. Ésta era, de acuerdo con el calendario, está programada a terminar el 21 de diciembre de 2012 d.C.

En su libro *El factor maya,* el historiador y visionario José Argüelles presenta una útil linea histórica de tiempo basada en el calendario maya, empezando en el 3113 a.C.[3] Alrededor del comienzo de la era mundial actual, así como es medida por el calendario maya, fué construído el Stonehenge, y brevemente después fue construída la Gran Pirámide de Egipto. Esta era empezó en el periodo de tiempo aproximado que el maíz [maize] se cultivó ampliamente en Norte América.

Los mayas se tardaron relativamente en llegar a Mesoamérica. La primera gran cultura en la region fue la de los olmecas, que aparecieron en el Golfo de México por el 2000 a.C. —posiblemente más temprano. Aunque nadie sabe de donde vinieron o a donde se fueron, ellos dejaron unas cabezas gigantes talladas hermosamente; trabajos de arte que representaban a unos hombres dioses, altos, barbudos, no indígenas; y muchas ruinas que todavía no han sido excavadas. Mientras que la cultura Maya misteriosa floreció en Mesoamérica, la cultura Védica empezó en la India, Moisés dirigio a su gente fuera de Egipto, y la cultura Chavin apareció en los Andes.

Cerca del 600 a.C., los zapotecas aparecieron en Oaxaca, en donde fundaron un centro de ceremonias espectacular conocido como el Monte Albán. Esta gente antigua dejaron esculturas impresionantes conocidas como los *danzantes*, o los bailarines. Estos están marcados con signos del calendario maya, que los fecha en el 600 a.C. Para este tiempo, en las tierras bajas, los mayas antiguos habian empezado a construir pirámides de montañas. Aproximadamente durante éste período de tiempo, Buda, Lao-tzu, los Upanishads, y Confucio hicieron su aparición en el Este. Luego la civilización Occidental así como la hemos llegado a percibir, empezó a florecer, por que fué durante éste período que Sócrates, Aristóteles, y Platón expusieron sus filosofías.

Alrededor del año 200 a.C., al norte del Monte Albán, los Teotihuacános empezaron a construir Teotihuacán —el centro ceremonial más grande y uno de los más espectaculares de Mesoamérica. En las mesetas altas de los Andes, una civilización nueva se formó, transformando el panorama con archipiélagos verticales y personificando una visión del mundo inspirada por lo divino. En el mundo maya, estructuras monumentales e ilustraciones empezaron a aparecer. Para el tiempo en que Teotihuacán fue completada cerca del 300 a.C., los Gnósticos estaban dispersando las enseñanzas de Cristo. Tiahuanaco estaba floreciendo, y líneas extrañas aparecieron sobre los llanos de Nazca. La influencia de Teotihuacán empezó a regarse al sur, y el período clásico de los mayas estaba bien encaminado.

UNA PERSPECTIVA NUEVA
ACERCA DEL MAYA CLÁSICO

El periodo clásico de los mayas duró hasta cerca del 830 d.C., dejando un legado de logros arquitectónicos y artísticos asombrosos así como Tikal, Copán, y Palenque. Al final del período clásico, éstos sitios espectaculares fueron abandonados y destruídos misteriosamente. Hacial el norte, los teotihuacános también se habían desvanecido, así como los olmecas mucho antes que ellos, dejando vacíos a Teotihuacán y a Monte Albán. Al sur, Tiahuanaco, la gran civilización de los Andes altos del Perú, yacía en ruinas después que Tiahuanaco desapareció.

Cerca del 1000 d.C. los toltecas aparecieron cerca la ciudad de México de hoy dia, y recuperaron a Teotihuacán. El año 947 d.C. marcó el nacimiento del Primer Año de la Caña, el legendario Quetzalcoatl, conocido por sus hermanos del sur como Kukulkán. Luego los clanes guerreros se alzaron y dominaron a los Andes peruanos. El Medio Este y Europa fueron atacados por las Cruzadas. Las Épocas Oscuras estaban en camino.

Argüelles ha escrito extensamente acerca de los Mayas y su calendario sagrado en *El factor maya,* que fué el impulso de La Convergencia Armónica en 1987 y dió un surgimiento a puntos de vistas nuevos que son fundamentales para nuestro comprendimiento de la era a la que estamos entrado ahora. En su libro, Argüelles describe de cómo funcionaba el calendario maya. Brevemente, el ciclo presente que empezó en 3113 a.C. y terminara en el 2012 d.C., consiste de 5,125 años solares (equivalentes as 1,872,000 días). Un periodo de 52 años es central para el sistema maya así como lo fué para el calendario azteca de más adelante. Su ciclo de 5,200 años puede ser separado entre 260 unidades de 20 *tun,* cada cual llamada un *katun,* o 13 unidades de 400 *tun,* cada cual llamada *baktun.* El calendario maya de la era mundial en la cual vivimos actualmente tiene 20 *baktun,* cada cual durando como 394 años solares.

Varios de estos *baktun* son de interés especial. El primer *baktun* de esta era mundial, Baktun 0, ocurrió entre el 3113 y el 2718 a.C., y es llamado el Baktun de la Plantación Estelar. De acuerdo a Argüelles, éste era el tiempo de la plantación de la transmisión estelar —un tiempo del sembrando de la luz de la conciencia en este planeta. Baktun 11, el periodo precedente al *baktun* presente, que empezó en el 1224 y terminó en el 1618, es llamado el Baktun de la Semilla Oculta. Éste fué el tiempo de la conquista de los imperios incas y los aztecas, y también el tiempo de la división cartesiana, cuando las explicaciones mecánicas de los fenómenos físicos y biológicos vinieron a ser prominentes, y la visión sagrada del mundo se perdió. La mente se hizo dividida de la materia, lo mecánico reemplazó a lo sagrado. Las Épocas Oscuras descendieron, y la semilla humana cayo en lo profundo del reino de la oscuridad material. El Baktun 12, llamado el Baktun de la Transformación de la Materia, incluye nuestro tiempo actual y está programado a terminar el 21 de diciembre del 2012, la fecha en que termina el calendario maya.

Mientras que se sabe muy poco acerca de la cultura maya clásica, la cultura posclásica maya está bien documentada. Todos los libros de manuscritos plegables pre-hispánicos están fechados en el período posclásico (1250-1541 d.C.). Numerosas obras coloniales, escritas al igual por eruditos españoles y nativos proveen informacion acerca de este periodo posterior, incluyendo el bien conocido *Popol Vuh,* que esta considerado la mitología documentada más antigua del Nuevo Mundo. Escrito en el período colonial por un Quich'e Maya del siglo 16, este fué actualmente inspirado por fuentes más antiguas.

Recientemente una clase nueva de arqueólogos y etnógrafos, así como Dennis y Bárbara Tedlock, han hecho a un lado sus prejuicios culturales y han abierto las entradas a la visión maya del mundo. Ellos también están agregando a nuestro conocimiento de la cultura de los mayas clásicos, quienes están considerados como el ápice de su civilización. Además, investigadores como David Freidel y sus colegas Linda Schele y Joy Parker, las autoras de *Maya Cosmos* [El cosmos maya], están ayudándonos a ver a través de los ojos de los mayas.

Freídle y sus colegas empezaron su trabajo primero respetando la visión chamánica maya del mundo, en vez de ignorarla por que ésta no cabía dentro de sus ideas culturales preconcebidas. Como resultado, ellos descubrieron que el estudio de los rituales actuales podía echarles bastante luz a los misterios del pasado. Ellos también descubrieron que los fragmentos de arte y de arquitectura del período Maya clásico les proveían acceso a una cosmología antigua. Ellos descubrieron de esta manera que las ruinas mayas y los trabajos de arte contenían símbolos de la creencia maya acerca de la creación del mundo y que literalmente eran mapas celestiales del momento actual de la creación. Además, ellos llegaron a comprender de cómo fueron diseñadas las ruinas mayas y usadas como instrumentos para acceder el poder espiritual. Tales perspectivas nos permiten ganar un comprendimiento fundamental de quienes fueron ésta gente, de donde creían que venían ellos y el por que creían que estaban aquí.

La arqueoastronomía moderna, un estudio de la astronomía antigua, ha sido usado por Freidel y sus colegas para examinar a las ruinas mayas y a las estructuras de sus mitos con resultados asombrosos. Estudiando a la progresión anterior de las estrellas en el cielo en los días críticos, los investigadores han podido comprender el simbolismo cósmico que es principal en muchos de los mitos y las leyendas. Esta información astronómica no sólo nos dice con frecuencia la fecha de ciertos mitos sino que también descifra el código del lenguaje mítico. Además, la observación de los equinoccios y los solsticios ha revelado el significado y el alineamiento particular de ciertos sitios sagrados. Cuando Freidel y sus colegas estudiaron el cielo nocturno así como había aparecido durante el período Maya de la creación, ellos hicieron unos descubrimientos apasionantes. Pero primero veamos a la mitología correspondiente.

❀

Aunque nadie sabe el nombre de la madre diosa maya del período clásico, Freídle y sus colegas se refieren a ella como la Primera Madre y a su esposo como al Primer Padre, o el Dios del Maíze. El fué el ser divino que supervisó a la creación del cosmos nuevo, el 13 de agosto del 3113 a.C. (el 20 de septiembre, 3113 a.C. basado en nuestro calendario Juliano actual, que es el equinoccio otoñal).

No existe un manuscrito que cuente la historia de la creación de los mayas clásicos, pero ésta estaba codificado en sus monumentos. En Quirigua de Guatemala fueron encontradas unas series de estelas que son referencias claves.

La historia de la creación maya también fué contada en el *Popol Vuh* posclásico, que relata que el Primer Padre fué el creador que levantó el "árbol del cielo," que es un símbolo de la Vía Láctea (Wakan-Chan, así como la llamaban los mayas). Antes de ese tiempo, el cielo todavía estaba acostado, y no había luz. El Primer Padre fue asesinado en el Xibalbá (el infra mundo) por los Señores de la Muerte. Sus hijos, los gemelos, fueron al infra mundo, derrotaron a sus asesinos, y revivieron a su padre. Ilustraciones de los mayas clásicos representan al mito de la creación y enseñan al Dios del Maize naciendo de nuevo a través del carapacho rajado de una tortuga. La estela se refiere a éstas imágenes y los arreglos de "las tres piedras de la creación." Estas tres piedras han sido identificadas como las tres estrellas en el cinturón de Orión. Dennis Tedlock ha observado que los mayas contemporáneos colocan tres piedras en el centro de su hogar, [4] un ritual que conecta a sus vidas con este espacio/tiempo de la creación.

En la mitología maya, la Vía Láctea, está representada como un cocodrilo, el "monstruo cósmico," una canoa, y el árbol de la vida. El carapacho del cual el Dios del Maize nació de nuevo, está vinculado frecuentemente con la constelación de Orión. Otras representaciones descubiertas en ilustraciones que están relacionadas con la historia de la creación, enseñan a la constelación de Géminis, los gemelos. Estas fuentes identifican al lugar de la creación como la parte del cielo en donde se encuentran Orión y Géminis.[5]

La imagen de la serpiente de dos cabezas, también representada en ilustraciones mayas, se la encuentra con frecuencia enroscada alrededor del árbol de la vida o de la Vía Láctea. Se cree que es una representación de la eclíptica, la línea de constelaciones en donde sale y se pone el sol cada año. La serpiente también era un símbolo de lo que es conocido como el ombligo cósmico, la línea de energía que conecta a cada semilla de dios humana con su origen celestial. Freidel ha dicho que para los mayas, éstas serpientes eran el símbolo del camino a lo largo del cual viajaban los sobrenaturales en su camino para ser manifestados en este mundo. El Dios del Maize era representado como naciendo de nuevo por la boca de la serpiente. Freidel también indica que de acuerdo a la Lápida del Palacio, encontrada en Palenque, la ruina de una ciudad maya en lo que ahora es el estado mexicano de Chiapas, las almas humanas encuentran cuerpos nuevos al viajar a lo largo del tragadero de la serpiente.[6]

En Tikal fueron encontrados unas series de huesos a los que se les había tallado escenas enseñando al dios creador y a dos remeros (los gemelos) en el cielo viajando por la Vía Láctea en donde ellos ponen las tres piedras en el hogar de Orión. Linda Schele explica a estas talladuras de la manera siguiente:

> Me dí cuenta que los Remeros traen al Dios del Maize al lugar de las tres piedras de la Creación y al carapacho de la tortuga, que es Orión para que el pueda volver a nacer y a crear a un universo nuevo. El es Wak-Chan-Ahaw que hace que todo pase.
>
> Dos ollas pintadas [encontradas en otro lugar] representando esta misma escena de la canoa, confirman su asociación con el mito del Primer Padre como el Dios del Maize. Una tiene un fondo negro y enseña que la acción ocurre en un tiempo de oscuridad antes de que el Primer Padre elevara al cielo. La escena narrativa incluye a tres episodios de la historia, En una los Remeros, el Jaguar y la Manta raya (los gemelos) reman una canoa que lleva al Dios del Maize al lugar de la creación. Él lleva una bolsa de semillas en su pecho para que el pueda plantar a las semillas, que son las Pléyades cuando el eleve al Wakan-Chan, o así como Enrique Florescano nos sugiere, para que el pueda usarlas para formar la piel de los seres humanos después que la creación sea terminada. Debajo de la canoa la figura reclinada del Dios del Maize emerge de la boca de la Serpiente de la Visión en una posición que le hace la mímica exacta a la salida de un niño del canal de parto.[7]

❦

Cuando Freidel y Schele pusieron una serie de símbolos junto con un mapa del cielo cuando fué la puesta del sol el 13 de agosto, 3113 a.C., la fecha del principio de la era mundial maya actual, ellos descubrieron que era una representación exacta del mito. Ademas, ellos descubrieron que en un gran drama cósmico, el cielo, en este modelo, repite la historia de la creación en el progreso de las estrellas. A medida que la noche progresa, el cocodrilo (la Vía Láctea) se transforma en una canoa viajando del este al oeste. Los dos remeros propulsan a Itzam, el creador (el Dios del Maize), a lugar de la creación entre Orión y Géminis. Allí las tres piedras de la creación que componen el cinturón de Orión son fijadas en su puesto. El Dios del Maize nace de nuevo de Orión y su ombligo se extiende hacia fuera convirtiéndose en la eclíptica. En el día de la creación de la era mundial actual, el mapa de los cielos refleja la historia siguiente: Al ponerse el sol Orión todavía está en el centro del cielo. A medida que se hunde en el horizonte occidental, se lleva con el un puñado de semillas (las Pléyades) para que sean sembradas en la tierra. Las Pléyades eran llamadas por los mayas "el puñado de semillas de maíze."[8]

Tales descubrimientos plantean unas preguntas importantes y perplejas acerca del conocimiento de los mayas antiguos. ¿Podrían haber sabido ellos acerca de las enseñanzas esotéricas del Adán Kadmón; y del nuevo humano espiritual? ¿Podrían haber sabido ellos que de acuerdo a esas enseñanzas la semilla humana espiritual vino de las Pléyades y que los Elohim, los hombres dioses, vinieron de la gran entrada de Orión? ¿O pintaron los creadores mismos la historia de la creación por todo el cielo para que fue codificada más tarde en el lenguaje antiguo del mito mismo?

VESTIGIOS MAYAS DE LOS SEMILLEROS DE LA LUZ

Debido a que las ilustraciones y los grandes monumentos de los mayas del período clásico recrean el mapa del cielo al momento de la creación, éstos parecen sugerir que los mayas vinieron de las estrellas. Además, debido a sus diseños y a través del uso de los principios de la geometría sagrada, éstas ilustraciones y éstos monumentos mantenían abiertas a las entradas a la conciencia superior y a lo divino. Los mayas antiguos usaron a sus centros ceremoniales para reconectarse con su origen cósmico y para ser animados espiritualmente.

Está bien establecido que los mayas del período clásico heredaron de los olmecas, quienes los precedieron, mucho de su visión mundial, incluyendo los conceptos que son la base de su calendario y de su arquitectura sagrada. Investigadores como Freidel, quienes han interpretado a las estelas descubiertas en el sitio Olmeca de La Venta, y han analizado la estructura de su recinto, han concluido que el complejo "fué construido como un acto de devoción" y para invocar al poder sagrado.[9] Ellos encontraron que estas estructuras estaban llenas de piedras preciosas, símbolos mágicos, y objetos de poder usados por los olmecas para abrir portales energéticos a otros mundos. Así como afirma Freidel, los Olmecas y los Mayas no construyeron sus estructuras masivas usando coacción, sino que a través del trabajo de buena gana y de la dedicación de la gente. Literalmente miles de gentes, de generación en generación, ayudaron a crear a los enormes edificios de piedra. Ellos lo hicieron porque éstos edificios servían como anclas para lo divino, y también porque el acceso al domino espiritual era vital para su existencia.

De acuerdo con Freidel y sus colegas, los olmecas y los mayas concebían a sus plazas como "lugares de agua" o como al mar primordial, en donde la comunicación espiritual podría ocurrir: "Ambos vieron a sus plazas como lugares en donde la gente podía nadar a través del incienso en el éxtasis de la danza. . . . Las plazas brillaban un resplandor trémulo con las corrientes ocultas del Mar Primordial, escaleras descendiendo de las cimas de la Creación, caminos en forma de montañas entre los mundos."[10] Los paneles en Palenque enseñan una "danza del renacimiento" en un lugar de agua, el cual es identificado como un lugar en el mundo sobrenatural. Debajo de este "lugar de agua" hay imágenes de lirios de agua de los cuales cabezas esqueléticas crecen como semillas.[11] Kent Reilly, quien ha estudiado extensivamente a los olmecas, ha señalado que figuras voladoras y una sensación de nadar que se encuentra en las ilustraciones olmecas, indican estados de trance y que otras culturas del mundo documentan estados de trance en una forma parecida. Por ejemplo, los hombres de las tribus del desierto de Kalahari, la región desierta de África del Sur, hacen movimientos de natación cuando están en trance profundo, y los bailarines extáticos del Monte Albán incluyen figuras de nadadores.[12]

LOS SITIOS SAGRADOS COMO PUERTAS A UNA CONCIENCIA SUPERIOR

Virtualmente todos los sitios clásicos de Mesoamérica enseñan el uso de la geometría sagrada por los constructores y éstos fueron construidos como portales a los dominios espirituales. El uso de la correspondencia sagrada fué comprendido por la gente antigua asociadas con estos sitios como una manera de acceder a la energía divina. La evidencia de la correspondencia sagrada ha sido encontrada en Palenque, en Copán, en Chichén Itza, y en muchos otros sitios. Muchos de estos sitios tambien estaban alíneados geográficamente con el cinturón de Orión.[13]

Palenque, ubicada en el Chiapas actual, está considerada por mucha gente el ser uno de los sitios antiguos más espectaculares en Mesoamérica. El fundador de Palenque fue Pacal Votan. José Argüelles cree que la encarnación de Pacal Votan corresponde con un impulso espiritual realizado que alcanzó al mundo maya entre 631 d.C. y 693 d.C. La tumba de Pacal está fechada en el 683 d.C. De acuerdo con la leyenda, Pacal Votan era un avatar, un gran maestro y se refería a si mismo como a una "serpiente, un iniciado, un poseedor de conocimiento."[14] Cuando Pacal murió, su hijo construyó una serie de tres templos en su honor —conocidos como los Templos de las Inscripciones. Estos templos documentan y replican los eventos de la creación —el renacimiento del Dios del Maize y la creación de los humanos del maíz (la semilla) y el agua.

Así como se notó previamente, "serpiente" era un término reservado para los iniciados muy superiores, los individuos que comprendían el uso de la energía y de la vibración armónica. Hay referencias en la historia maya de la Hermandad de la Serpiente. Zamma, el dios creador descrito antes quién fué llevado al lugar de la creacion en la canoa y se convirtió en el Dios del Maize, es mencionado en el *Chilam Balam*. Se ha dicho que Zamma era una "Gran Serpiente del Este." En este contexto las serpientes podían ser vistas como miembros de la gran hermandad extraterrestre de seres avanzados dedicados a ayudarles a evolucionar a los humanos —conocida de otra manera como los Elohim.

Argüelles dice que las leyendas acerca de Pacal nos cuentan que el fué enviado desde su tierra natal, conocida como Valum Chivim, al Yucatán, la tierra de los mayas. Según se dice él llego al mundo maya pasando a través de una puerta energética llamada el Kuxan Suum, o el camino hacia el cielo, a través de lo que él llamaba la "morada de las trece serpientes." El mito nos cuenta que Pacal fundó a Palenque cuando el llegó a Valun Votan en el Río Usuamacinta.[15]

La escultura encontrada en la tumba de Pacal, la cual no fué descubierta hasta 1952, parece sugerir que Pacal tenía un origen extraterrestre. Una de las ilustraciones más intrigantes del período clásico de los mayas enseña a Pacal en su muerte cayéndose al árbol del cielo y entrando en lo que los mayas llamaban al "camino blanco," nuestra Vía Láctea. Encima de él, el arbol del cielo vuela alto con la serpiente de dos cabezas visible en sus ramas, indicando que él está experimentando una gran trasformación. En general, la escultura sugiere que, así como el Cristo legendario, Pacal es transformado en una divinidad y escapa la ilusión de la mortalidad. Representado primero como un avatar en forma física, mas tarde él es representado como a un dios creador.[16]

Argüelles cree que los mayas eran seres estelares, o señores del tiempo, quiénes tenían una misión específica aquí en la Tierra. El sugiere que Valum Chivim es una base estelar, posiblemente ubicada en las Pléyades e implica que los mayas podían haber sido originarios de una fuente extraterrestre. Además, el expone que la "morada de las trece serpientes" representa un pasillo intergaláctico hacia los planos superiores de energía más allá de nuestro sistema solar y explica que el termino maya Kuxan Suum quiere decir "el camino hacia el cielo que conduce hacia la cuerda umbilical al Universo."[17] Este concepto es parecido al de la cuerda luminosa que conecta al plexo solar con el cielo y es referida en el *nagualismo* y en otros sistemas chamánicos. Argüelles además sugiere que el lugar del inframundo llamado Xibalbá en el *Popol Vuh,* es una referencia al mundo de la manifestación, éste espacio/tiempo. Él expone que los mayas vieron a ésta realidad como un dominio en donde somos puestos a prueba tomando una forma humana. De ésta manera Xibalbá es la representación del mundo de la ilusión al cual los humanos se encarnan, un concepto referido en la tradición *nagual* como el sueño del planeta.

Además, de acuerdo con Argüelles, Pacal y los otros maestros del período clásico de los mayas dejaron a este mundo concientemente y regresaron a su hogar en las estrellas. Él indica que los nueve señores que están simbolizados en la cripta de Pacal, son nueve maestros (hombres dioses) que precedieron a Pacal. Argüelles, también expone que la figura mitológica personificada en la forma humana de Quetzalcoatl/Kukulkán, quien el dice vivió desde el 947 d.C. hasta el 999 d.C., fué una encarnación de Pacal.[18]

Los mayas clásicos, los zapotecas, y los teotihuacános todos existieron aproximadamente al mismo tiempo y demostraron un entendimiento profundo del universo. Por lo que podemos deducir de los sitios y de otra evidencia que ellos dejaron atrás, éstas culturas compartieron un propósito. Ellas deseaban replicar en el plano físico la gloria de los mundos superiores. Ellas concientemente representaban de nuevo la historia de la aparición de la semilla de dios a través de sus ritos, su arte, y su arquitectura, como una forma de arraigar sus vidas en este espacio/tiempo.

Los grandes reyes, conocidos por sus sujetos como hombres dioses, supervisaron el desarrollo de sus centros ceremoniosos y de sus monumentos sagrados. Aunque no es esencial el saber de donde vinieron estos hombres dioses o a donde se fueron, para poder comprender la historia de la espiritualidad humana, sí es necesario el comprender algunas cosas acerca de los sitios sagrados que ellos dejaron atrás.

Durante éste período en Mesoamérica y Perú numerosas gentes pasaron por las ceremonias de iniciación para experimentar a esos mundos superiores. Los sitios asociados con esas culturas fueron usados para los ritos de iniciación a los grandes misterios, y recursos considerables fueron usados en sus construcciones. En la visión del mundo de estas culturas, los centros ceremoniales era vitales pues ellos conectaban a la gente con su divinidad innata.

Además, éstos sitios fueron usados como relojes de piedras masivos para seguir a los solsticios y a los equinoccios; para seguir el movimiento de las estrellas, de los planetas, y de las varias constelaciones; y para seguir a los ciclos más grandes de tiempo, a los que todavía no podemos comprender totalmente.

La función mas importante de estos sitios era la de traer el plano de la Tierra a una correspondencia sagrada con los mundos superiores. La correspondencia sagrada creaba la posibilidad para una interacción directa con los planos superiores —un tiempo cuando las tres piedras de la creación (representando las fuerzas físicas, mentales y espirituales trabajando en la Tierra) podían ser alineadas. Uno de los primeros actos del dios creador fue la de colocar a las tres piedras de la creación en el firmamento. Como se había notado previamente, los mayas contemporáneos todavía colocan tres piedras en sus hogares. Tal correspondencia representa una avenida humana a la divinidad.

LA ARQUEOASTRONOMÍA Y LAS PROFECÍAS MAYAS PARA UN NUEVO MUNDO

El estudio de la arqueoastronomía le a agregado significadamente a nuestro comprendimiento de los mayas. Un repaso breve de unos pocos conceptos relacionados con los movimientos celestiales de las Tierra les asistirán en el percibir la visión de mundo de los mayas y de los incas, quienes ambos se llamaban a sí mismos los niños del sol y ambos tenían una cosmología bien desarrollada.

Sabemos que en el Hemisferio Norte durante el solsticio de verano el sol sale y se pone en su punto mas norteño —haciendo del solsticio de junio el día más largo. En el solsticio de invierno, el sol sale y se pone en su punto más sureño, haciendo del solsticio de diciembre el día más corto. También sabemos que el eje de la Tierra se inclina con relación al sol —en cada hemisferio inclinándose hacia el sol en el verano y lejos del sol en el invierno. En marzo y septiembre durante los equinoccios, cuando el día y la noche son iguales, la inclinación del eje de la Tierra es más lateral.

Parecería como si nuestro sol girara alrededor de la Tierra todos los dias, aunque sabemos que no lo hace, sino que es la Tierra la que gira alrededor del sol lo que hace que el sol parezca que sale y se pone. La Tierra se mueve alrededor del sol en un plano fijo, y el sol también parece moverse alrededor de la Tierra. Durante el tiempo de un año vemos al sol moverse por la eclíptica, pasando por todos los signos del Zodíaco. La inclinación del eje de la Tierra también varia un poquito en relación a la eclíptica. Aunque estos cambios son lentos, es necesario tomarlos en cuenta para determinar en donde el sol pudo haber salido en un sitio antiguo o en donde saldrá en el futuro.

Existe, además, un concepto importante que altera el como vemos a las estrellas a través de la historia. El eje de la Tierra actualmente se tambalea lentamente en un período de 25,800 años, causando al planeta el cambiar su orientación para con las estrellas fijas. Este movimiento, llamado precesión hace parecer como si el sol pasara por diferentes constelaciones. En los 2,000 años pasados el sol ha estado saliendo en Piscis. Pronto saldrá en Acuario. Este fenómeno afecta ante todo al alineamiento estelar en los sitios y es importante en el estudio de la arqueoastronomía, pues el alineamiento estelar es crítico para marcar los momentos precisos de los solsticios y los equinoccios. Por ejemplo, debido al efecto de la precesión, la salida de las Pléyades cambia un grado cada 72 años. Por lo tanto, para determinar como se miraba el cielo nocturno en el 3113 a.C., o en el preciso momento del solsticio, es necesario el tomar en cuenta la precesión.

El fenómeno complejo de la precesión fué comprendido por ambos los mayas y los chamánes incas *(pag'os)* del tiempo de Wayu. Ellos estaban a cargo de determinar los tiempos exactos de los solsticios y tenian que referirse a las estrellas fijas como el grupo de las Pléyades porque no era posible obtener tal información observando al sol. Debido a la precesión los alincamientos estelares iban a variar. Un conocimiento de la precesión tambien era importante para calibrar a los calendarios solares.

Ha sido estableció que en las culturas antiguas de por todo el mundo, los mitos eran usados como lenguaje simbólico para mantener a la documentación de la precesión de los equinoccios y otros fenómenos celestiales. Es más, así como fué establecido por el historiador Hertha von Dechend, una serie universal de convenciones fué usado mundialmente para codificar las observaciones astronómicas dentro del mito.[19]

Durante el curso de un ciclo precesional, los soles del equinoccio y del solsticio se alinean en ciertos tiempos con la Vía Láctea. En el ciclo de precesión de 25,800 años hay alineaciones aproximadamente cada 6,400 años. La última alineación ocurrió cerca del 4400 a.C. cuando el sol del equinoccio de otoño estaba en conjunción con la Vía Láctea. Dechen y Santillana indican que éste evento cósmico coincidió con la legendaria era anterior dorada encontrada en muchos de los mitos. Ellos exponen que después que la era dorada terminó, la humanidad descendió a una historia de discordia creciente.[20]

Ahora, unos 6,400 años más tarde, el próximo alineamiento del sol de un solsticio con la Vía Láctea está cercano. El autor John Major Jenkins es su libro *Maya Cosmogenesis 2012* [El cosmogénesis maya del 2012] señala que ésta conjunción particular del sol del solsticio de diciembre con la Vía Láctea ocurrirá al final de un ciclo completo de precesión; que, solo ocurre cada 25,800 años. De acuerdo con Jenkins, éste alineamiento raro coincide con el final de la edad del mundo maya actual —(21 de Diciembre, de 2012) y el principio de la nueva era mundial, su quinto sol.[21]

Si el último ciclo precesional trajo la siembra de la conciencia human, es interesante el considerar lo que las profecías mayas tienen que decirnos acerca del principio de la próxima era mundial. Jenkins teoriza que los mayas creían que un ciclo precesional completo estaba relacionado a la evolución espiritual de la humanidad, y que ellos vieron el período de transición entre las edades del mundo como un oportunidad estupenda para la trasformación espiritual y un renacimiento espiritual. El alineamiento del 2012 ocurre cuando el sol del solsticio de diciembre se conjunta en el cruce de la Vía Láctea en Sagitario. Un área en el cielo llamada la falla oscura —conocida por los mayas como el Xibalbá bi, el camino al infra mundo— señala directo a este punto de cruce. El cruce es encontrado al centro de nuestra galaxia, y los mayas lo llamaban el árbol sagrado. Para ellos éste indicaba el lugar de la creación.[22]

La eclíptica es el camino que siguen el sol y los planetas por el cielo. Éste atraviesa la Vía Láctea en dos lugares —en las constelaciones de Géminis y de Sagitario— creando dos áreas opuestas en el cielo en donde una cruz se forma en la intersección de la Vía Láctea con la eclíptica. Este cruce en Sagitario parece indicar la ubicación del centro galáctico. Los mayas aparentemente sabían esto porque ellos se refieren a ésta ubicación exacta como el centro de la creación, el útero cósmico. Jenkins sugiere que cuando el sol del solsticio haga conjunción con el centro galáctico, una entrada espiritual se va a abrir.[23] ¿Será posible que éste acontecimiento cósmico pueda catalizar a un salto nuevo en el potencial humano?

La investigación de Freidel que se basa en ambos el mito y la arqueo-astronomía, ha demostrado que la era mundial maya actual, que empezó en el 3113 a.C., estaba representada en el cielo nocturno en el punto de cruce de Géminis como el renacimiento del Primer Padre. Jenkins explica que el 2012, el final del calendario de la era del mundo maya actual, y el comienzo de su nueva era mundial, su quinto sol, simbolizan un renacimiento cósmico para la humanidad.

Así como fué notado, en el 21 de diciembre, 2012 d.C. éste centro del cosmos estará en conjunción con el sol del solsticio (metafóricamente el Primer Padre) en Sagitario. Por supuesto ésta alineación rara no va a ocurrir únicamente o precisamente en el 21 de diciembre, 2012. Los efectos de ésta conjunción ya se están sintiendo y se sentirán más o menos por los próximo 200 años. Así como Jenkins señala, no hay un centro galáctico exacto, el centro es más como un campo que como un punto específico, y le toma un poco a nuestro sol moverse por toda ésta vasta área. Lo que es significante astrológicamente es que en el 21 de diciembre, 2012 d.C., el sol del solsticio estará a tres grados del centro galáctico.[24] Astrológicamente, la conjunción solar con un planeta es un aspecto positivo indicando un aumento en la voluntad y en el desplegamiento del potencial creativo y la iniciativa. Sin embargo, la conjunción a la que nos estamos refiriendo no es con un planeta sino que con una galaxia. Uno solo puede especular en que cuál será el efecto de ésta conjunción del sol-galaxia.

Existe otra conjunción importante que ocurrirá al final de la era mundial maya actual. Jenkins indica que el sol y las Pléyades van a estar en conjunción el 20 de mayo del 2012, 60 días después del equinoccio de la primavera. Ésto ocurrirá en la latitud de la Península de Yucatán en el centro exacto del cielo, el cenit, y será precedida por un eclipse solar. Jenkins cita la evidencia que los reyes mayas programaban su ascensión al poder con las conjunciones del Sol-Pléyades.[25] Parecería que ciertos ciclos cósmicos armoniosos podrían tener sus homólogos positivos en la Tierra.

Hay muchas razones del porque los equinoccios y los solsticios eran importantes para la gente antigua, incluyendo la determinación de cuando plantar y cosechar sus cultivos. También, en el nivel espiritual parece que nuestros antecesores comprendían lo que todavía creen algunos esotericistas —que los intervalos de antes, durante y después de los equinoccios y solsticios son tiempos espirituales poderosos. Se ha dicho que estos son los días en cuando los planos superiores de conciencia están más accesibles. Los incas y sus antecesores creían que cuando el sol del solsticio entraba a la Vía Láctea al amanecer, se abría la entrada a los mundos superiores. Para ellos, la idea de la apertura entre los mundos era, así tambien como para los mayas del período clásico, mucho más que una metáfora.

Hay otra creencia interesante asociada con la precesión de los equinoccios. Es un concepto esotérico antiguo que la precesión de los equinoccios, la cuan vincula el movimiento de la Tierra con el movimiento del sol, está relacionada a las Pléyades. El esotericista J. J. Hurtak sugiere que las Pléyades estaban consideradas que eran la Madre Sol de nuestro sistema solar, "el Sol más allá del Sol" —una creencia antigua encontrada en muchas culturas. Hurtak postula que le toma 25,827.5 años a nuestro sistema solar el girar alrededor de las Pléyades.[26]

El concepto del Gran Año Platónico, que es un ciclo completo de la precesión de los equinoccios, también estaba asociado con las Pléyades. Ésto podía ser porque las Pléyades eran usadas para seguir la precesión en muchas culturas antiguas, incluyendo las culturas de Mesoamérica y del

Perú. También se creía que había un ciclo de tiempo cósmico mas grande del cual todos éramos parte. Argüelles afirma que éste ciclo de 25,800 años se correlaciona con las cuatro eras mundiales mayas cada una de 5,200 años. Él cree que éste ciclo representa el período de la evolución humana en nuestro planeta, y que ahora estamos en la última etapa de ese ciclo.[27] En éste contexto, es interesante el notar que de acuerdo con los documentos míticos de las civilizaciones antiguas de Lemuria y Atlántida, las primeras siembras de la humanidad ocurrieron hace casi 26,000 años al principio del Gran Año Platónico que está terminando ahora.

No hay, sin embargo, apoyo científico para la premisa que nuestro sistema solar gira alrededor de las Pléyades en un ciclo de 25,827.5 años, o que tan siquiera lo haga. Basado en calculaciones simples parece una premisa que no es factible. Si nuestro sistema solar completara tal órbita en 25,827 años, lo tendría que hacer a un paso de 1,152,000 millas por hora, y ese paso de velocidad podría supuestamente ser detectado. Sabemos que nuestro sol y nuestro sistema solar por entero se están moviendo por todo el espacio a la orilla de la Vía Láctea a una velocidad muy alta que ha sido calculada a 481,000 millas por hora.[28] Por lo tanto, es concebible que la noción de una órbita alrededor de las Pléyades es sólo metafórica.

Otra idea interesante relacionada con las Pléyades, llamada la teoría del cinturón de fotones, también podría ser metafórica. De acuerdo con esta teoría, que es popular en la comunidad de la Nueva Era, la Tierra está siendo afectada en la actualidad por un cinturón de partículas de luz de alta frecuencia que viene de las Pléyades. Pero ésta teoría no ha sido aceptada científicamente, y la mayoría de los científicos la consideran una broma de mal gusto.

También es posible que tales ideas sean simplemente incompatibles con el paradigma científico corriente. En un tiempo más tarde tal vez nosotros podremos percibir a otros niveles de realidad, incluyendo esos que existen fuera del tiempo lineal. Tal vez en verdad existan tipos de energía tan sutil que no los podemos percibir, y ciclos de tiempo no lineal que nosotros no podemos medir en la actualidad.

Los occidentales están generalmente tan enamorados de la mente racional que ellos con frecuencia, no están dispuestos a considerar otros puntos de vista válidos. Nos hemos atascado en la caja negra de Wayu por mucho tiempo, pero ahora estamos empezando a emerger. Alguna gente creen que nuestro lente de cultura limitado a elevado a la ciencia al plano de una religión. Como cultura, estamos lentamente aprendiendo de nuevo que la verificación científica, así de limitada que es con frecuencia, no es la única base para el entendimiento de la naturaleza milagrosa de la vida. La visión mundial de los antiguos no era tan limitada en su percepción como la nuestra. Aparentemente, ellos entendían mucho más que nosotros acerca del fenómeno sutil, un ejemplo siendo el concepto de la correspondencia sagrada (la reflexión del contenido sagrado en la forma física aquí en la Tierra).

LA VISIÓN CÓSMICA INCA Y EL REFLEJO DIVINO

Los Incas fueron precedidos por los tiahuanacos, de los cuales se sabe muy poco. Dentro del concepto Inca de las edades del mundo, el período Tiahuanaco, que empezó cerca del 200 a.C., y terminó cerca del 650 d.C., fué considerado como una edad dorada. Éste fué el tiempo que precedió a la era de los guerreros, el período llamado el tercer sol, o la tercera era mundial.

La cuarta era, o el cuarto sol, fué la era del conflicto armado dentro del mundo inca. Éste fué el tiempo cuando las enseñanzas del dios creador Wiraccocha fueron prescindidas, y emergió una clase de guerreros.

La quinta era fué establecida por Pachacuti, el noveno soberano Inca, quien construyó el Imperio Inca. Bajo su dirección las enseñanzas de Wiraccocha se hicieron importantes otra vez, y el mundo inca reflejó una vez más las leyes de la correspondencia sagrada.

En ningún lugar es el concepto de la correspondencia sagrada más evidente que en el valle espectacular de los incas, que es aproximadamente 60 millas de largo y se extiende desde Pisac hasta Machu Picchu. A través del valle se serpentea el hermoso Río Vilcanota (Urubamba), conocido en los tiempos antiguos como el Río Sagrado. Los antiguos asociaban al río con el Mayu, su nombre para la Vía Láctea.

The Sacred Valley of the Incas: Myths and Symbols [El valle sagrado de los Incas: Mitos y símbolos], por Fernando E. Elorrieta Salazar y Edgar Elorrieta Salazar, es un libro maravilloso que cuenta la historia de la gente andina a través de sus mitos, sus símbolos y las descripciones de sus espacios rituales, de una manera que le da vida a la esencia de su visión cósmica espectacular. Así como exponen los autores, los mitos incas tenían la intención de legitimar a la verdad de lo que los incas creían que era su origen divino, así tambien como la superioridad de los modelos incas de la organización social, política y religiosa. De ésta manera los incas materializaron su ideal a través de los mitos y también del uso de los principios de la geometría sagrada para construir estructuras que demostraban una conexión directa con su realidad mítica.

La gente antigua de Mesoamérica y de Perú creían que todo era sagrado y que el propósito principal de la creación era el de reflejar al divinidad. Desde éste punto de vista, la creación física existía para reflejar en su forma física eso que es encontrado en los niveles energéticos superiores. Este concepto de la correspondencia sagrada fué reconocido por los pensadores antiguos de alrededor del mundo. Los gnósticos y los griegos, los hindúes, los budistas, los Sufi, los filósofos judíos medievales, todos abrazaban el principio del macrocosmo-microcosmo.[29] Los alquimistas medievales usaron la frase "como arriba, tan abajo" cuando se referían a ésta idea. Ésto también es la base del holograma. Para los incas, el Mayu o la Vía Láctea era un eje para la orientación y un mapa de referencia del cielo en el cual estaban ubicadas las constelaciones importantes. Ellos creían que ciertas constelaciones eran importantes para crear abundancia y bienestar en la Tierra. Por lo tanto, ellos construyeron estructuras sagradas masivas que representaban a las constelaciones importantes que se encontraban en el Mayu, reforzando su creencia que el Valle Sagrado y su río eran una reflexión de la Vía Láctea.

Para la gente andina, el cóndor sagrado estaba considerado como el mensajero de lo divino. Ellos también creían que el cóndor llevaba la fuerza vital de los que habían muerto para el mundo superior y protegían a los espíritus de los ancestros. En Pisac, la ciudad en donde empieza el Valle Sagrado, los incas construyeron un lugar enorme para ritos en la forma de un cóndor gigante en una montaña. Debido a su diseño, el cual es intencionadamente sutil así como para esconder el edificio majestuoso de los ojos profanos, parece que está volando encima de las miles de tumbas construidas en los acantilados. Además, también existe una constelación que se encuentra en la Vía Láctea que los incas llamaron el cóndor.

El árbol sagrado era otro concepto importante para la gente andina. La palabra Quechua para árbol, *mallqui,* también quiere decir antepasado. Los antepasados eran considerados como los protectores y los mediadores entre la gente, las fuerzas de la Tierra, y los dioses. Además, los incas creían que ciertos árboles era oráculos. Hay una constelación a la que ellos llamaban Ali Pakita, el "árbol partido, o el árbol que deja que se caiga una parte de sí," una forma que ellos recrearon en la Tierra cerca del pueblo de Ollantaytambo en el Río Patacancha. Hecho de terrazas para cultivar granos sagrados, maíz, y quínoa, está forma masiva de 1,200 acres de tierra está moldeada como un árbol con muchas raíces. Tiene un tronco bien ancho y ramas que parecen tener fruta abundante. El río fluye por su centro como savia viva, y los canales convergen en dos canales —uno para irrigar el aspecto masculino y uno para irrigar el aspecto femenino. La corona del árbol fué diseñada para captar y reflejar la luz a la puesta del sol en los solsticios.

La fruta del árbol, representando la semilla de la divinidad misma, es la Pirámide de Pacaritanpú. De acuerdo con las leyendas, los mismos grandes incas emergieron a través de las ventanas de la Pirámide de Pacaritanpú, que era llamadas las *paqarinas,* lugares para aparecer de las otras dimensiones. De ésta manera los incas pueden ser vistos como las semillas que están dentro de la fruta del árbol. En muchas culturas, los tres mundos del cielo, la tierra y el infra mundo estaban representados como un árbol del mundo. Para los mayas el árbol del mundo, o el árbol del cielo, también era una representación de la Vía Láctea de donde surgió toda la vida.

De acuerdo con el mito inca de la creación, Wiraccocha le ordenó al sol, a la luna, y a las estrellas que se levantaran en el cielo arriba del Lago Titicaca para que hubiera luz en el mundo. Luego el creó a los descendientes de los incas, que salieron del Lago Titicaca y siguieron al río sagrado, hasta que llegaron a un valle hermoso. Allí ellos entraron al "sótano" de un edificio conocido como "la casa del amanecer," o la Pacaritanpú, que estaba alineadas con la primera luz del solsticio y era el lugar mitológico de la primera dinastía de los incas. Los incas encargados de los archivos relatan que en la madrugada del solsticio, la Tierra abrió la ventana de Pacaritanpú, y el primer Inca, Manco Capac entró a éste mundo y fué engendrado por un rayo especial del luz. Luego los hermanos y las hermanas aparecieron y también fueron engendrados por el sol, convirtiéndose en "los iluminados," los incas.

La constelación conocida como la Catachillay, o la llama, ahora conocida como el Coalsack y encontrada en la parte sureña de la Vía Láctea debajo de la Cruz del Sur, también fué importante para los incas, que asociaban a la llama con el agua. De acuerdo con su mitología, en el medio de una noche específica de octubre la llama baja su cabeza para beber del mar, un acción que previene a las inundaciones del mundo. Para honrar a las funciones de éste animal, al lado de una de las montañas en Ollantaytambo, los incas construyeron un espacio ceremonial enorme en forma de una llama. El diseño es increíblemente complicado y tiene un campo de energía poderoso que fué planeado para uso de rituales. Varias partes de la llama corresponden a elementos de estructura ritualística: los ojos de la llama incluyen un observatorio astronómico incompleto; la cabeza es el Templo del Sol, la columna es una pasarela ingeniosa, y los genitales guardan dos graneros para el almacenamiento de las semillas, una para la masculina y otra para la femenina. En los días de los incas, la primera luz del dia alumbraría a aquel granero, fertilizando a la semilla cósmicamente. Luego la luz del sol alumbraría a los ojos de la llama, despertando a su conciencia. La asociación entre la llama y el agua está también representada en el diseño pues, además de otros usos, el complejo funcionaba como un observatorio para determinar las fechas exactas de celebrar las ceremonias dedicadas a la petición de la lluvia durante la estación del cultivo.

El concepto de "así arriba, tal abajo" (la reflexión de las relaciones sagradas aquí en la Tierra) impregnaba a la cultura andina, y los incas pensaron de la combinación del Valle Sagrado y el Río Vilcanota como *huauque,* o el doble, de la Vía Láctea. También era central para la visión mundial de los incas el término *yanantin,* o el par complementario. Este era usado para describir los complementos así como lo masculino y lo femenino, y lo de arriba y lo de abajo —conceptos que nuestra cultura moderna podría considerar opuestos. Sin embargo, los incas se esforzaron para respetar a las diferencias entre los complementos y los veían como parte de un todo reflectante.

Ambos conceptos son aparentes en el diseño de Machu Picchu. El paisaje alrededor de Machu Picchu así tanto como el monumento mismo, indican un conocimiento de la geometría sagrada. Las dos montañas del sitio, Machu Picchu y Wayna Picchu, representan los complementos divinos, el masculino y el femenino, respectivamente. Exuberante y verde, todo el sitio de Machu Picchu se eleva desde el bosque tropical como si estuviera tratando de alcanzar los cielos. Solo con la belleza física de éste sitio, es posible el sentir euforia o ser transportado al dominio espiritual.

Los incas hicieron hincapié en las cualidades místicas que ya estaban presentes en el panorama a través del santuario y del complejo ceremonial, que tiene la forma de un caimán volador, un símbolo muy antiguo sugiriendo que la materia se transforma en espíritu y evocando un sentimiento del Quetzalcoatl trascendente de Mesoamérica. Además, el santuario más grande está diseñado en la forma de un cóndor, un ave mítica volando al mundo espiritual de la Vía Láctea, una forma impresionante que está sobrepuesta en la ímagen del caimán volador. Ésta sobrepuesta delicada de formas hechas por el hombre en las formas naturales expresan una armonía extraordinaria entre el hombre y lo divino. Ésta correspondencia sagrada es uno de los legados mas preciosos de la humanidad, de un significado espiritual tremendo.

Hay una historia asociada con la imagen majestuosa del cóndor (el mensajero divino que personifica a lo sagrado en la visión del mundo inca) volando hacia la Vía Láctea. De acuerdo con la leyenda, cuando la semilla de la luz cae en la oscuridad, el gran sol envía a su mensajero a la gente en la forma de un pájaro brillante iridiscente cuya mera presencia trae una influencia misteriosa. Subsecuentemente, la violencia, el odio y la ira son disueltos, y una atmósfera de amor llena al aire.[30]

CERRANDO LA PUERTA
HACIA LOS DIOSES

La historia de los Andes nos revela que después de que Wiraccocha dejó al mundo cerca de los 650 d.C., una guerra organizada de gran escala, algo que no había sido conocido antes en los Andes, se hizo algo corriente. Brevemente después la civilización superior de Tiahuanaco se derrumbó, resultando en una transformación profunda acerca de la visión del mundo para la gente andina.

De acuerdo con los archivos arqueológicos, la guerra empezó en la región central Andina que estaba habitada por los Wari[31] —una gente que tenia una cosmología radicalmente diferente a las civilizaciones avanzadas antiguas a las que ellos conquistaron brutalmente (incluyendo a los tiahuanacos). Los Wari eran una sociedad secular en vez de espiritual. Ellos conquistaban y gobernaban con violencia y estaban obsesionados con el elitismo, la riqueza, el poder y el control.[32] Es ésta la imagen de guerra despiadada y de prácticas de sacrificios, la que nuestra cultura moderna frecuentemente asocia falsamente con los incas.

En contraste con eso, desde el principio del tiempo (que es así medido con la venida de Wiraccocha) la gente indígena de las tierras andinas altas habían vivido en una manera enseñada por su dios, basada en una cooperación sin clase social entre muchos grupos étnicos y en el principio de la reciprocidad. Su dios creador, Wiraccocha, era visto como un ser andrógino, y por lo tanto, los hombres y las mujeres eran tratados con respeto por igual, ninguno era dominante, y ambos sexos eran vistos como complementos naturales.

La influencia de Tiahuanaco, que se extendía por todas las regiones del alrededor de lo que hoy en día es el este y el oeste de Bolivia, el noreste de Argentina, el norte de Chile, y el sur del Perú, no había sido conseguida por medio de guerra. Los tiahuanacos no tenían un ejército, sus conquistas estaban basadas en el prestigio y el hecho de que ellos compartían su conocimiento. Alianzas de cooperación fueron formadas con las comunidades regionales, que se enfocaban en la lealtad, compartiendo los recursos, y en el bien común.[33]

El centro cívico de Tiahuanaco, el Akapana, era considerado como su logro arquitectónico mas grande. Era una pirámide escalonada, con el tope plano de donde el agua caía en cascada —una réplica del acantilado encontrado en la Isla del Sol en el Lago Titicaca, que se dice ser la fuente de la vida divina. De acuerdo con los descubrimientos arqueológicos, ésta época dorada llegó a un fin brusco entre los 600 d.C. y los 650 d.C. cuando cada estructura tiahuanaca fué destruida por los Wari. Akapana y su sistema de drenaje de agua elaborado fué cerrada y posteriormente enterrada junto con cuerpos mutilados y miles de fragmentos de vasos marcados con temas de los Wari, bandas pintadas de trofeos de cabezas humanas estilizadas.[34] El reino de terror de los Wari continuó por unos 200 años y transformó completamente a los Andes altos. Las aguas de inundación de las matanzas y la destrucción lavaron todo excepto los vestigios de la era dorada andina.

Cuando el estado de los Wari se derrumbó finalmente cerca de los 850 d.C., éste dejó un legado de muchas aldeas en guerra, cada una un fuerte en la cima de las colinas. La arquitectura ceremonial y espiritual de la era dorada desaparecida. Las clases guerreras que quedaron en control, todas eran dominadas por hombres que eran parte de los cultos del jaguar, que practicaban sacrificios de animales, así como lo habían hecho los Wari. La luz que Wiraccocha había traído al mundo se había disminuido. Así como indica el etnoastrónomo, William Sullivan, hasta en ése entonces la cosmología de las tribus de las montañas altas había sido basada en el actuar responsablemente en todos los tres dominios de la realidad andina.[35] Una orden de espiritualidad evolucionada había moldeado a la sociedad y traído el balance a la vida de la gente. Después del derrumbe del orden espiritual, ésta perspectiva de balance fué perdida casi en su totalidad.

La gente que conocemos como los incas se levantaron del caos que era el legado de los Wari. De acuerdo a la mitología inca, antes de que Wiraccocha se fuera de este mundo el le dió su báculo a un jefe guerrero llamado Apotambo. Este báculo representaba el linaje de la luz.

A su tiempo, los primeros incas nacieron de éste linaje. Históricamente, el primer Inca, Manco Capac, quien fué conocido como el fundador mítico de la dinastía, apareció cerca del 1200 a.C.

Es evidente que los incas edificaron basados en los logros de la cultura anterior de los tiahuanacos. Aunque los mitos incas, su teología, y en gran medida su estructura social fueron derivadas de sus antecesores, ni sus ilustraciones ni sus monumentos se igualaban al esplendor de la era dorada. La realeza inca se consideraba a sí mismos a ser descendientes de lo divino y eran percibidos como dioses por sus súbditos. Sólo la realeza era conocida como "Inca." Ésta creencia en su naturaleza superior allanó el camino para la creación de un imperio. Aunque el imperio no estuvo construido sin derrame de sangre, muchas tribus simplemente consintieron a lo que ellos percibieron como a la superioridad Inca.

Las *wakas*, las costumbres, y el lenguaje de la mayoría de las tribus conquistadas fueron mantenidas como parte de una orden superior. Los incas tenian un sistema educativo elaborado, principalmente para la realeza y la clase administrativa. Las artes superiores fueron bien desarrolladas, y las Vírgenes del Sol, las *mamaconas,* fueron conocidas en particular por sus tejidos finos y otras artes.

La riqueza del Imperio del Sol era medida no tanto por los monumentos que los incas construyeron sino por el bienestar que ellos generaban. Ellos eligieron expandir su imperio construyendo terrazas elaboradas y sistemas complejos de irrigación, tal vez sus monumentos más grandes. Ellos usaron el terreno para crear excedentes para sus 6 millones de gente y para evitar hambrunas.[36]

En unas cuantas décadas ellos establecieron un imperio del tamaño del Imperio Romano, que se extendía casi por 2,500 millas desde la Colombia actual hasta el sur de Chile. Ellos construyeron mas de 10,000 millas de caminos y tenían un sistema de comunicación que le permitía a mensajeros a pié a viajar por todos los bosques y las montañas altas, corriendo hasta 150 millas diarias. Asombrosamente, ellos lo hicieron sin el hierro, sin caballos, sin ruedas, o sin un lenguaje escrito.

Así como sus antepasados, los incas no tenian un lenguaje escrito, y los archivos eran mantenidos por los *quipus,* unas cuerdas anudadas. La gente que comprendía el significado de los nudos eran sus historiadores. Más tarde, durante la conquista española, los españoles quemaron la mayoría de los *quipus* y mataron a muchos de los guardianes de los archivos, limitando severamente nuestro conocimiento de la civilización Inca.[37]

PACHACUTI —UN TIEMPO DE TRANSFORMACIÓN

Todos los archivos escritos existentes acerca de la vida inca fueron compuestos por el clero y otros, después de la conquista española, y, con pocas excepciones, ninguna de éstas fuentes habla acerca de la civilización Inca sin prejuicios culturales extremos. En un esfuerzo por obtener una perspectiva menos prejuiciosa de la visión del mundo inca, el etnoastrónomo William Sullivan se ha enfocado en la mitología inca. En *The Secret of the Incas* [El secreto de los Incas], el con éxito hace una crónica de la historia Andina a través de un síntesis de los mitos incas y de la arqueoastronomía.

Así como es cierto de los mayas del período clásico, Sullivan encontró que la historia de los incas fué contada por las estrellas. Pero en vez de analizar sus mitos de la creación, el se enfocó en las historias que registraron los tiempos de *pachacuti,* los tiempos de cuando el mundo inca experimentó un a gran trasformación. Para los incas, *pachacuti,* fué el tiempo cuando su percepción de la realidad fué volcada, marcando la llegada de una nueva era del mundo, o un sol nuevo. Sullivan descubrió que éstos períodos fueron reflejados con bastante precisión en muchos de sus mitos.

El primero de estos períodos es conocido como el *ukhupachacuti,* una trasformación de la realidad por medio del agua.[38] Ésta inundación es aludida en muchas historias incas. Tal vez el mito más común cuenta de una llama que gradualmente se puso más y más abatida y no comía. Cuando el pastor finalmente le preguntó a la llama de que era lo que le pasaba, la llama respondió que la conjunción de las estrellas predijo que el mundo iba a ser destruido muy pronto por una inundación. Sullivan descubrió que ésta inundación ocurrió en el 650 a.C. Cuando él estudió el cielo del solsticio de junio del 650 a.C. el descubrió que las estrellas sí en verdad revelaron un tiempo de *pachacuti*. El vió que en los Andes sureños por primera vez en mas de 800 años, la Vía Láctea había parado su elevado heliacal en el solsticio de junio. Así que, había un marcador cósmico para el final de la tercera, o la era dorada cuando Tiahuanaco fué destruido. Así como lo enseñan los archivos históricos, éste marcador también coincidió con la alzada del estado de los Wari y de la aparición de los cultos de guerreros agresivos que trajeron al cuarto sol. Los mitos dicen que éste también fué el tiempo en donde Wiraccocha dejó al mundo y regresó al lugar de su origen, cruzando el puente de la Vía Láctea que llevaba a la tierra de los dioses.

Hay dos hileras primarias que mantenían al Inca en su visión del mundo. Una era la entrada a los dioses (Wiraccocha) que permitía un contacto directo entre los seres divinos y los humanos. La segunda hilera era otra entrada del tipo que les permitía a los incas el acceso a sus antepasados, el asiento de toda su cultura y sus enseñanzas. Con el tiempo, ambas hileras se perderían, y los incas dirían que sus entradas en verdad se habían cerrado.

Debido a que vivimos en la Vía Láctea, no la vemos en su totalidad — solo a sus ramas. Las dos ramas temporales que son visibles in el cielo nocturno eran llamadas entradas (del primer tipo mencionado arriba) por los incas. Sullivan ha descubierto que el mapa del cielo indica exactamente que ésta entrada se cerró el 20 de junio, 650 d.C., en ésa fecha, por primera vez en la historia, los antecesores de los incas ya no podían ver a la Vía Láctea en la mañana del solsticio de invierno. Este evento precesional fué más tarde grabado en el mito. Con la cerrada de ésta entrada, la visión sagrada del mundo de Tiahuanaco fué desplazada por ésa de los Wari bárbaros. Las hileras que conectaban a Tiahuanaco con su cocimiento profundo se empezaron a desmarañar. Sin embargo, la entrada a sus antepasados (el segundo tipo de entrada mencionada arriba) permaneció abierto. Los incas adoraban a sus antepasados y se volvían hacia ellos para obtener sabiduria y orientación. Fueron los antepasados quienes habian mantenido a la hilera frágil de su linaje divino, conectándolos a sus tradiciones místicas. Pero ésta hilera que había sobrevivido los estragos de *pachacuti* estaba ahora amenazada. Lo que quedaba de sus tradiciones sagradas estaba a punto de ser perdido en otra gran inundación.

El Inca Wiraccocha, el octavo soberano Inca era conocido como un gran oráculo y supuestamente tenía el poder de lanzar grandes bolas de fuego a sus enemigos.[39] Fué durante su reino que las señales de mal agüero del final del mundo inca fueron predichas por primera vez en el cielo de la noche. Durante el período de este tiempo, era aparente que la Vía Láctea muy pronto no sería visible en ninguno de los solsticios. Este evento precesional fué más tarde codificado en el mito andino. Las leyendas tambien predijeron que la gran llama celestial, que cada noche en octubre, bebía el agua del río celestial para que este espacio/tiempo estaba en peligro. Los Incas vieron a éste evento precesional como una señal de la profecía del final de su cultura. Ésta fué la atmósfera en la cual el noveno Inca, conocido como el Inca Pachacuti, tomó las riendas del poder y forjó el Imperio de los Niños del Sol, el imperio más grande que el mundo había conocido. Se ha dicho que ambos el Inca Pachacuti y su padre el Inca Wiraccocha, tenian los poderes de los hombres dioses y que el Inca Pachacuti fué asistido por los dioses en sus victorias. El Inca Pachacuti fué llamado el gran movedor de la tierra por que el atentó a volcar el espacio/tiempo. Él se rehusó a aceptar el fatalismo de la era de su padre que salió de la Profecía del cielo nocturno. En vez, él declaró una nueva era mundial, la del quinto sol. Para efectuar éste gran cambio, él degradó a los sacerdotes de los clanes guerreros y revivió a las enseñanzas de Wiraccocha, quien había permanecido el dios del campesinado pero no de las clases altas.

El Inca Pachacuti fué increíblemente atrevido. De acuerdo con la leyenda, en un dia siniestro él fué a la piedra Sapi, bien arriba de Cuzco, en donde el se encontró con el gran Wiraccocha mismo y negoció con el creador dios hasta que un pacto fué logrado para atrasar el final de la civilización inca por tres generaciones más. Entonces el Inca Pachacuti, su hijo el Inca Tupa, y su nieto el Inca Huayna Capac procedieron a construir un gran imperio. No fué hasta la muerte de su nieto que el imperio entero estaba otra vez enfrentando a la ruina.

El Inca Pachacuti actuó sin miedo y desesperadamente en su atento de prevenir la destrucción de la visión del mundo inca. Mientras que él pudo haber sido un soberano compasivo quien reanimó espiritualmente a los incas y construyó a Machu Picchu, el también instituyó prácticas inhumanas y bárbaras. El ordenó a una reorganización de todas las *wakas,* las estatuas que conectaban a la gente con sus orígenes divinos en las estrellas. Luego él creó el rito de *capacocha,* el sacrificio humano. Previamente, no había habido una historia significante de sacrificios humanos entre los incas. El *capacocha* era practicado en el solsticio de diciembre. Para este rito, caravanas de oro, plata y tejidos de cada linaje eran enviados a Cuzco y ofrecidos a los dioses. Más importante, los niños que eran blancos y sin manchas de cada linaje real,[40] las mejores semillas de dios del Imperio de los Niños del Sol, eran sacrificados en los lugares sagrados en el nombre de las *wakas* de sus linajes.[41] Ellos eran, así como lo expone Sullivan, enviados como emisarios para cada una de las estrellas conectadas con la *waka* de sus linajes llevando mensajes desesperados.[42] Ellos eran enviados a sus hogares a que suplicaran por la supervivencia de su cultura.

Pero entre el 1525 y el 1527, el heredero del Inca Pachacuti —el Inca Huayna Capac— yacía muriéndose de viruela en Quito.[43] Ha sido dicho que el Inca Huayna Capac murió 17 años más tarde con la profecía de su bisabuelo en sus labios, sabiendo que el seria el último de los incas antes de la próxima inundación. El le dijo a sus hijos que sirvieran a los invasores a quienes el imaginó como a los Wiraccochas nuevos. Los incas mantuvieron la creencia que Wiraccocha regresaría algún día. De la misma manera, los indios de Mesoamérica creyeron en el regreso profetizado de Quetzalcoatl del otro lado de la gran agua. Éstas creencias de hace tiempos explican el porqué Cortez fue aclamado como el dios que regresa. La creencia en el regreso de los grandes hermanos blancos, los hombres dioses míticos, apresuró la caída de ambos los aztecas y los incas.[44]

La intranquilidad y la desesperación continuaron tragándose al imperio. Habian reportes inquietantes de ocurrencias sobrenaturales, terremotos, cometas y aros alrededor de la luna. En el momento en que la reina de las aves, un águila que había sido perseguida por varios halcones, cayó sin vida en la gran plaza de Cuzco en el medio de la nobleza Inca, ya no podía ser negado. El final del imperio estaba por venir.[45]

En el solsticio de diciembre del 1432, la entrada a los ancestros se cerró —la fecha que el Inca Wiraccocha había previsto como el final del tiempo. Cuando Sullivan estudió el cielo del solsticio de Cuzco para el diciembre de 1432, el descubrió que la parte de la Vía Láctea a lo largo de la eclíptica en el horizonte casi no era visible. Justo al sur estaba la llama celestial, y las aguas de la inundación del tiempo estaban de verdad creciendo.[46]

LA SEMILLA ESPERA EL DESPERTAR OTRA VEZ

Los mitos dejados como una herencia por los incas eran dispositivos mnemónicos usados para grabar la historia de la gente de los Andes altos, de una forma que pudieran sobrevivir la destrucción de su cultura que vino con el sol nuevo. Sus mapas del cielo, las referencias celestiales descubiertas en el mito marcando la progresión de las estrellas, eran otra forma mnemónica de codificar. Así como fue discutido, los incas creían que el mundo natural tenía patrones que correspondían a esos de una orden superior de inteligencia,[47] y ellos construyeron sus centros ceremoniales para que reflejaran tales correspondencias sagradas. Siendo semillas de los divino, ellos miraban a los cielos para orientación y por indicaciones de las intenciones del creador.

Así como lo indica Sullivan, había una curiosa pero innegable correlación entre los eventos astronómicos y la historia inca que se estaba desarrollando. Las transformaciones que ocurrieron en el mundo inca parecían correlacionarse con la manera en que los soles del solsticio entraban y salían de la Vía Láctea. La sincronicidad empezó con el año 200 a.C. cuando el sol del solsticio entró primero a la Vía Láctea. De acuerdo a los mitos incas, éste era el tiempo en que el puente a la tierra de los dioses se abría, y Wiraccocha entraba a este mundo. Luego, después de que la civilización se desarrolló, Tiahuanaco se levantó y experimentó una era dorada, la cual terminó cerca del 650 d.C. con el advenimiento de la guerra con la gente de Wari. En ese momento en el cielo, el sol del solsticio de junio ya no entró a la Vía Láctea, la puerta hacia los dioses estaba cerrada. Finalmente en el 1544, con la muerte del Inca Huayna Capac, y con la Vía Láctea ya no más visible en el solsticio de junio, el tiempo terminó. Los Españoles llegaron y devastaron al imperio.

La interpretación racional Occidental de la caída del Imperio Inca seria sin duda que ésto sucedió debido a la ilusión vana cultural extrema y al fatalismo. Sin embargo, ésta opinión es demasiado simple y miope. La cultura inca era chamánica, con percepción chamánica que había sido desarrollada a través de un entrenamiento amplio. Tal vez, así como sugiere Sullivan, los incas no era fatalistas sino que tenían habilidades avanzadas que les permitían el percibir la revelación del orden superior dentro del caos.[48] Cualquiera que sean los hechos, es claro que el cierre de su ciclo del tiempo estaba marcado por un mundo catastrófico y eventos cósmicos que predijeron el final de su cultura.

Después de la muerte del Inca Huayna Capac, hubo una gran guerra civil instigada por dos de sus hijos que aspiraban a ser sus sucesores. Además, la viruela había devastado al imperio entero y los incas se habían resignado a su destino como resultado de su entendimiento cosmológico. Consecuentemente, la conquista por los españoles fué tan rápida y brutal como las campañas de los Wari. Con sólo 175 hombres, Francisco Pizarro devastó un imperio de mas de 6 millones de gente.

Durante la conquista, los españoles, dirigidos por la Iglesia Católica, sistemáticamente destruyeron casi todos los vestigios de la vida espiritual Inca, la *waka* de cada linaje, cada piedra *intihuatana,* todos los sitios ceremoniales, y los *quipus*. Además, los conquistadores invadieron los santuarios de las Vírgenes del Sol, a las cuales violaron. Las terrazas agrícolas y los sistemas de irrigación fueron capturados pero no fueron conservados. Como resultado, la gente ya no estaba conectada a las estrellas de las cuales ellos eran descendientes; los solsticios y los equinoccios que eran tan vitales para la visión de la gente, ya no podían ser celebrados con precisión; los vínculos de la gente con la historia fueron cortados; y ya no habían excedentes de comida ni agua sino en vez habían sequías y hambrunas. Los conquistadores impulsados por una avaricia arrolladora y una arrogancia ciega basada en un sentido indoctrinado de superioridad moral, sólo tenían dos intereses: la subyugación y el oro.

La historia en Mesoamérica es casi la misma que la de Perú, aunque en ambas regiones, aun mucho después de sus eras doradas, las civilizaciones invadidas por los españoles eran en muchas formas mucho más avanzadas y progresistas que en las ciudades de España en ese tiempo.[49] Desde que el Vaticano había declarado que la gente indígena de las américas no eran humanas y por lo tanto no tenían almas, cualquier cosa era tolerada y en la búsqueda a ciegas del uno y único dios —el oro. Solo de Cuzo, los españoles tomaron miles de millones de dolares en oro, frecuentemente en la forma de piezas extraordinarias de arte derretidas en lingotes.[50] La mayoría de las riquezas que vinieron de las conquistas terminaron en las arcas de la Iglesia Católica, que a su vez, continuó apoyando a los conquistadores.

Al final, la meta de los conquistadores era la de quebrantar el espíritu de la gente. Ellos fueron esclavizados y tratados brutalmente, despojados de todo lo que tenía significado, sus prácticas religiosas fueron prohibidas. Sin embargo, a pesar de ésta violencia, la semilla no murió, sino en vez se hizo clandestina, dentro del inconsciente, donde en el dominio de nuestros anhelos más profundos esperaba el regreso de la luz.

4

LAS PROFECÍAS ANDINAS
DE UNA NUEVA ERA

En 1949 un antropólogo de Cuzco llamado Dr. Óscar Núñez del Prado asistió a un festival en Paucartambo, ubicado en los Andes del este en el sur del Perú al este de Cuzco. Allí por casualidad el escuchó a dos indios majestuosos hablando en lo que el reconoció como un dialecto quechua puro, el lenguaje de los incas. Los antropólogos habían creído que éste dialecto puro ya no se usaba, y el se entusiasmó sobre la probabilidad de que éstos indios pudieran haber preservado otros vestigios culturales de los incas antiguos.[1]

En 1955, Óscar Núñez del Prado dirigió a la primera expedición Occidental conocida al hogar moderno de la gente Q'ero, unos 600 de los cuales fueron encontrados viviendo en altitudes más arriba de 14,000 pies en cinco pueblos pequeños, de una manera muy parecida a esa de sus antepasados (posiblemente los incas).

En la actualidad, los Q'ero continúan cuidando a sus rebaños como siempre lo han hecho, emigrando según la estación, desde elevaciones de 5,000 pies a elevaciones de mas de 14,000 pies. En elevaciones mas bajas al borde de la selva, ellos cultivan maíz y otros cultivos comestibles, mientras que en elevaciones más altas ellos pastorean as sus manadas. Ellos hilan y tejen las lanas usadas en sus ropas, que están hechas en los estilos incas tradicionales. Los Q'ero son granjeros sencillos y tejedores expertos. Ellos han soportado grandes apuros y supresiones brutales, y sin embargo se las han arreglado para mantener los aspectos claves de las costumbres antiguas, preservando la esencia del camino mítico andino. Como han vivido por unas veinte generaciones en pueblos aislados en las montañas altas, más de sus tradiciones y su visión del mundo sobrevivieron la conquista española, la Inquisición, el adoctrinamiento por la Iglesia Católica; que las tradiciones de otra gente andina, cuyas visiones del mundo fueron mermadas debido a la interacción cultural y la asimilación.

Hay muchos que creen que los Q'ero podrían ser los descendientes directos de los incas.[2] Resulta que, los incas, los vestigios de la semillas sagrada de una cultura ensemillada antigua, fueron esclavizados por sus conquistadores pero quizás nunca desaparecieron. En vez, ellos se hicieron clandestinos y se aislaron. Así como esta expuesto en la historia de Wayu en el capítulo 1, la semilla fué enterrada en lo profundo de la tierra, en donde yació dormida a través de una larga noche hasta que fué despertada por la luz de un sol nuevo.

LAS ENSEÑANZAS ANDINAS

Mucha gente ha ayudado a traer al mundo las enseñanzas de los Q'ero y los elementos del misticismo andino. Entre ellos está el antropólogo, autor y maestro Alberto Villoldo, quién fundo la Sociedad de los Cuatro Vientos, dedicada a la preservación de las enseñanzas de los Q'ero, y quien estudio con varios maestros Q'ero. Américo Yabar, un mestizo, y uno de los varios practicantes Q'ero entrenados, viaja por todo el mundo diseminando las enseñanzas de los Q'ero. La autora, Joan Parisi Wilcox, siendo ella misma una sacerdotisa andina del cuarto nivel, ha entrevistado a muchos místicos Q'ero y ha presentado a su enseñanzas de una manera accesible al público general. Además, Elizabeth Jenkins, la autora y directora de la Fundación Wiroquocha, que trabaja para la preservación de la sabiduría indígena, escribe y enseña talleres acerca de las creencias de los Q'ero. El maestro principal de Wilcox y Jenkins, Juan Núñez del Prado, es el hijo de Óscar Núñez del Prado, el antropólogo que descubrió al los Q'ero. Juan también es un sacerdote andino que fué entrenado por los Q'ero y por un sacerdocio paralelo Inca que sobrevivió a la conquista española. A través de los talleres y los relatos de las experiencias personales con los Q'ero en mundos más allá del tiempo así como lo conocemos, esta gente han hecho la perspectiva de los Q'ero comprensible y animada.

En años recientes las culturas diversas de los Andes han empezado a reclamar su herencia mística antigua. Los sacerdotes andinos una vez más conducen rituales de origen antiguo en los sitios incas sagrados. Las enseñanzas que rodean a estos rituales fueron mantenidas vivas por los Q'ero aislados y otros practicantes. Fueron practicadas en voz baja y transmitidas oralmente dentro del sacerdocio. Los aspectos de los rituales y creencias también fueron ocultados detrás de la máscara del Catolicismo, así como lo puede percibir rápidamente cualquiera que visita a las iglesias Católicas de Perú y Mesoamérica.

Lo que podemos aprender del misticismo andino es asombroso. Sin embargo para poder comprender aun lo mas básico de sus enseñanzas necesitamos salirnos de la cajita de la percepción limitada que compone a lo que nosotros llamamos la realidad y aprender a percibir a nuestro mundo —así como lo hacen ellos— en términos de campos de energía vivientes. Esto requiere el aprender a ver la energía que existe detrás de todas las formas en la manera que Juan Núñez del Prado les instruye a sus estudiantes, no con nuestros ojos físicos sino que con nuestro ojo espiritual o el tercer ojo. Ésta avenida de percepción es lo que la gente andina llama *qawaq,* una habilidad que dirige a la percepción directa y a la interacción con el mundo de las energías vivientes.[3]

Hoy en día podemos comprender mejor la visión del mundo de los incas y de la otra gente antigua de las montañas altas peruanas. La perspectiva de los Q'ero y la herencia mística andina confirma que los incas vieron al mundo en una forma radicalmente diferente a nosotros —en realidades múltiples. De acuerdo a Yabar, el *panya* es el mundo ordinario.[4] Podemos pensar acerca del mundo ordinario como la realidad que existe en el tiempo lineal, la realidad que percibimos con los cinco sentidos. El *yoge* es el mundo de la percepción no ordinaria que existe en muchos niveles fuera del tiempo lineal, y que puede ser percibido energéticamente a través de la experiencia directa. Sin embargo una opinión más precisa implica el comprendimiento que estos conceptos se refieren a los caminos complementarios del aprendizaje encontrados en el misticismo andino. El *yoge* es el lado izquierdo del camino que involucra las habilidades prácticas como la sanación pero también a los aspectos más disparatados del camino. El *panya* es el camino del lado derecho, que está conectado con el lado izquierdo del cerebro. Relacionado a las enseñanzas místicas, la ceremonia, y el ritual, y es más ordenado y con más estructura.[5] Para los Andinos y los Q'ero, todo consiste de energía y es animado —aun los artículos fabricados como las casas, los tejidos, las herramientas, y las máquinas. En este contexto, es interesante el notar que los científicos trabajando en las fronteras del conocimiento están sugiriendo que la conciencia podría ser un aspecto de toda la materia.

Desde la perspectiva andina, el aspecto energético de un objeto o una entidad no sólo se puede percibir sino que también uno puede relacionarse con éste. *Kausay pacha* es la expresión quechua para la energía del universo. La energía viviente del *kausay pacha* no es ni positiva ni negativa, sino que las variaciones se pueden distinguir por su densidad, su peso, o su refinamiento, y pueden haber muchas distinciones sútiles dentro de un campo dado de energía.

Además, el *kausay pacha,* existe dentro de la cosmología que tiene tres planos. Cada plano de existencia tiene características energéticas específicas. El primer plano es llamado el *ukhupacha* (pacha quiere decir el cosmos o la tierra en Quechua) y es conocido como el mundo interior, o el infra mundo. Éste plano existe en ambos dentro de la Tierra, que es el psique del individuo como en el cosmos. Mientras que no es un concepto paralelo al infierno cristiano, las energías mas pesadas, menos refinadas se encuentran en el *ukhuapacha*. Éstas energías pueden ser consideradas como pensamientos en forma o espíritus invisibles.

El segundo plano es llamado el *kaypacha* y es el dominio de nuestra realidad material cotidiana. Las plantas, el agua, el cielo, la tierra, y los animales que nos alimentan son todos parte del *kaypacha*. Éste contiene a la totalidad de la *pachamama,* la gran Madre Cósmica, incluyendo a la Madre Tierra, quien es considerada la fuente de toda la vida y el aspecto femenino de la energía cósmica. Ambas energías tanto la refinada como la densa se encuentran en el segundo plano. Es interesante el comparar el concepto de la *pachamama* con la hipótesis popular de Gaia, la cual sugiere que la tierra entera puede ser un organismo viviente. Esta idea se desarrolló de las observaciones de James Lovelock de que nuestro planeta es un sistema que se regula a si mismo y está basada en su evaluación de sus sistemas y sus ciclos de carbón, nitrógeno, y oxígeno. Éste está apoyado por el trabajo de muchos otros en campos relacionados, incluyendo a Lynn Margulis y a Lewis Thomas. En comparación, la *pachamama* es un concepto más amplio que incluye a todas las manifestaciones físicas en el universo.

El tercer plano del mundo andino es llamado el *hanaqpacha* o el mundo superior y es el dominio de las energías mas refinadas. El mundo superior está habitado solamente por seres espirituales sumamente refinados que pueden ser percibidos como deidades, ángeles, los Incas superiores, los santos del mundo cristiano, o las imágenes sagradas. La energía de este mundo se puede experimentar personalmente o colectivamente. Las apariciones milagrosas de María en Fátima, Lourdes, Medjugorje, y otros lugares son ejemplos de una experiencia colectiva del mundo superior.

Las realidades místicas, no ordinarias del *yoge* y del *panya* (que no están asociadas con ningún plano en particular) ocurren fuera del tiempo lineal y pueden ser accedidas a través de los aspectos superiores del sí mismo. Mientras que muchas de las enseñanzas antiguas no han sobrevivido, algunos de entre los Q'ero, como los incas antes que ellos, son capaces de acceder a los múltiples de sí mismos. Mientras un sí mismo funciona dentro del flujo del tiempo lineal, otros sí mismos funcionan en las realidades simultáneas del tiempo de soñar, el tiempo sagrado, o el tiempo del ritual.[6]

"Chamán" y "chamánico" se han convertido en términos atrápalo-todo usados con exceso que implican que las realidades superiores sólo pueden ser accedidas por individuos élites, sumamente entrenados. Sin embargo, es importante el notar que los tipos de percepciones asocia-das con el *yoge* y el *panya* no están limitados sólo a chamanes suma-mente entrenados y a místicos. Por cierto, en muchas culturas antiguas el estado chamánico era una visión cultural del mundo extendida.

De hecho, el mundo superior es accesible a todo el mundo. Todos los individuos pueden aprender a discriminar entre las energías refinadas y densas, y percibir energía en los individuos lo mismo también que en los lugares y los objetos. Por ejemplo, la mayoría de la gente puede perci-bir fácilmente la energía densa cuando están cerca de alguien que está enojado o agitado, y la energía refinada cuando ellos entran a un templo o a una sala de meditación.

En un artículo acerca de la visión del mundo de los Q'ero escrito para *Magical Blend* [La mezcla mágica], expresando la opinión de Alberto Villoldo, Joan Parisi Wilcox escribió:

> . . . el sistema de creencias de los Q'ero es uno que está en gran parte puro y sin contaminación por la lógica, la razón, o la violencia . . . Ellos no han perdido la fundación sensorial del conocimiento ni han reemplazado su postura perceptual mitológica con la visión cognitiva así como lo ha hecho el Oeste.
>
> . . . Culturalmente, y en cierto chamánicamente, ellos tienden a no hacer la distinción Cartesiana entre el sujeto y el objeto, entre lo interno y lo externo, entre el significar y lo significante, entre lo secular y lo sagrado. Así ellos pueden deslizar las ataduras de lo causal y pueden literalmente salirse del tiempo lineal, monocrónico e ir al tiempo policrónico no-lineal. Ellos no han perdido su fun-dación sensorial del conocimiento, y así perciben sinestéticamente —conectando a los cinco sentidos, de manera que viendo a una montaña ellos pueden sentir su textura. Ellos perciben la totali-dades, que son por definición, no lineales, en vez de las realidades fragmentadas, casuales que el Oeste comprende.[7]

Los maestros andinos han aprendido a navegar en los mundos del *yoge* y del *panya* con facilidad. Después de un tiempo tal funcionamiento multidimensional puede convertirse en naturaleza arraigada —solo es cuestión de percepción. La diferencia entre la mayoría de la gente y esos con habilidades chamánica yace en el desarrollo de la percepción. Los chamanes pueden discriminar entre los estados que nosotros casi no percibimos, debido en parte a su enfocamiento fuerte y a sus intenciones claras que les permiten moldear su realidad. En comparación, la mayoría de nosotros estamos moldeados por la nuestra.

Para navegar en las realidades no ordinarias, necesitamos alterar los conceptos que tenemos acerca de nosotros y de los otros. El marco conceptual que nos han enseñado nuestros padres y nuestra cultura está basado en la percepción de la realidad ordinaria. No solo nos han enseñado a percibir ante todo por medio de nuestros cinco sentidos, sino que también nos han enseñado a depender casi exclusivamente en nuestro sentido de la vista. Si no lo podemos ver, creemos que no existe. También estamos estancados perceptivamente dentro de los confines del tiempo lineal. ¿Pero que si pudiéramos ver al mundo energéticamente y en dimensiones múltiples? ¿Qué si pudiéramos también "ir más allá del tiempo lineal"? Hasta cierto punto, muchos de nosotros ya hemos tenido experiencias que nos dan un vistazo de las dimensiones mas allá de la percepción ordinaria —experiencias que nuestra mente racional nos ha negado o minimizado. Tales experiencias a veces ocurren durante la meditación, a través del descubrimiento de entradas a un mundo superior; o a través de escrituras, música o trabajos de arte inspirados. En tales ocasiones experimentamos la verdad esencial de la existencia, lo que los Q'ero y los incas antes de ellos llamaban el *kausay pacha,* el universo de energía.

Afortunadamente, el potencial para tales percepciones ensanchadas no está limitado a los pocos osados quienes, así como lo hizo Carlos Castañeda, puedan pasar los rigores del camino chamánico. En vez, tal sentido de la realidad expandido es generalmente accesible si podemos liberarnos de nuestros conceptos que nos limitan a nosotros mismos.

Américo Yabar, entrenado por los Q'ero, expone que esos de nosotros que hemos sido adoctrinados por el sistema Occidental de pensamiento, tenemos que empezar por conectarnos de nuevo con la *pachamama,* la Madre Cósmica. El pensamiento Occidental está basado en una fundación perceptible muy limitada que puede haber sido revolucionaria en los años del 1600 cuando René Descartes se imagino un universo previsible mecanizado, basado en las coordinadas cartesianas. Pero hemos superado este razonamiento simplista. Ahora comprendemos, por lo menos teoréticamente, que la mente y la materia están absolutamente conectadas. Pero el daño causado por el modelo mecánico ya esta hecho. Nuestra tarea ahora es la de sanar las heridas en nuestro psique causadas por la división cartesiana, una división que literalmente nos arrancó del seno de la Madre Cósmica divina.

En una entrevista con Hal Zina Bennett para *Shaman's Drum* [El tambor del chamán], Yabar describe la situación como sigue:

> El mensaje de los Q'uero es que la gente necesita conectarse de nuevo con la matriz del cosmos —con el espíritu de la *Pachamama* que es la Tierra con los espíritus de las montañas, o apus, y el espíritu de las estrellas.
>
> Sabemos que los Andes son una fuente de tremenda luz espiritual y que éstos filamentos de luz —o hilos de energía— son parte de un tapiz del despertar espiritual por todo el planeta el nacimiento de una luz nueva en la Tierra. . . .
>
> Ya existe una red de energía espiritual muy fuerte que está sucediendo en el planeta ahora. Pero necesitamos meditar, para reflexionar acerca de ésta. Hay muchos tipos de meditación, pero la forma de la que estoy hablando involucra en meditar que estamos en el regazo de la *Pachamama,* la Madre Tierra, la Madre Cósmica. Ésta forma empieza con meditando en la conciencia simple pero profunda de que estamos viviendo en el regazo de la *Pachamama* y nos alimentamos a nosotros mismos de su fuerza.
>
> Media vez ustedes sientan a la *Pachamama* van a empezar a tener una conciencia clara del lugar de ustedes en el planeta. Por eso es que trabajamos con la *Pachamama,* la Madre Cósmica, la madre de todas las madre.[8]

Así que el concepto de la *pachamama* es crucial para lograr la perspectiva de una realidad multidimensional.

Otra idea que es útil para ganar tal perspectiva es *ayni,* que quiere decir reciprocidad, o intercambio de energía. Éste principio es derivado de la percepción andina de la "energía más allá de la forma" y es practicado entre individuos y con toda la naturaleza. La meta de la práctica es la de caminar en armonía perfecta (*ayni*) en todos los tres niveles de existencia.

La práctica de *ayni* involucra el comunicarse y enviar el amor suyo a otro, ya sea la tierra, otra persona, un perro, o un árbol. Aunque ésto es hecho sin ninguna expectativa en el puro espíritu de dar, cada vez que ustedes practican *ayni,* milagrosamente ustedes reciben algo de vuelta.

Ayni es descrito como sigue por uno de los maestros Q'ero de Villoldo, Antonio Morales:

> . . . El Sol es el padre y la Tierra es la madre y sus padres son uno —Illa Tici Viracocha [Wiraccocha]— ni masculino ni femenino, la energía en su forma más pura. . . . Ésta es la base de todo el chamanismo andino. Es un principio de reciprocidad. Ustedes le dan ayni a la Pachamama, la Madre Tierra, y ella está complacida y les devuelve su regalo con fertilidad y abundancia. Ustedes le dan ayni al Sol, y el les devuelve su regalo con calidez y luz. Los Apus, los grandes picos de las montañas, les dan fortaleza para que puedan aguantar a su trabajo; los cielos les dan armonía: denle ayni a la gente y ellas les honrarán en retorno. Es un principio maravilloso.
>
> Ellos dicen que el chamán vive en ayni perfecto —el universo le corresponde su propia acción, le refleja su intención de regreso, así como él es un reflejo para otros. Es por eso que el chamán vive en sincronización con la Naturaleza. El mundo del chamán refleja su albedrío y sus intenciones y sus acciones.[9]

Morales expone que el *ayni* perfecto viene directamente del corazón. No es necesario el analizar nuestra reacción. Solo entonces el mundo es un reflejo verdadero de nuestro amor y de nuestra acción. Este gran principio antiguo fué aún inmortalizado al final de los años del 1960 por los Beatles y la generación del amor. Aunque sea solo por un breve momento parece que comprendemos "que el amor que ustedes toman es igual al amor que ustedes dan."[10] Los Andinos se ven a sí mismos como viviendo en un universo energético, en donde la meta de toda actividad es un intercambio armonioso de energía entre el sí mismo y todos los otros y toda la naturaleza. Después de un tiempo la práctica de *ayni* puede hacerse automática, una forma de vivir y de percibir. Así como Morales expone:

> . . . Eventualmente damos ayni porque debemos, porque lo sentimos aquí [en nuestros corazones]. Dicen que solo entonces el ayni es perfecto, pero yo creo que ayni siempre es perfecto, que nuestro mundo es siempre un reflejo verdadero de nuestra intención y de nuestro amor y de nuestras acciones. Ésta es mi opinión, pero creo que es una buena. La condición de nuestro mundo depende de la condición de nuestra conciencia, de nuestras almas.[11]

Cuando caminamos en *ayni* perfecto, todo es sagrado. Percibimos, pensamos, actuamos y hablamos desde el comprendimiento alzado de la naturaleza sagrada de toda la existencia. El mundo entonces nos refleja de regreso lo que somos nosotros —también sagrados.

Otro concepto central relacionado con el comprendimiento de la visión del mundo andina es que las relaciones pueden ser percibidas en términos de energía. Desde esta perspectiva hay tres etapas en cada relación, cada una de las cuales puede ser percibida energéticamente. Ésto es verdad ya sea que la relación es entre el depredador y la presa, el maestro y el estudiante, dos grupos, dos naciones, o dos amantes. La primera etapa es el encuentro llamado *tinkuy*. Los dos campos de energía hacen contacto, eso es, ellos actualmente se tocan. Si los campos de energía eligen reaccionar, ellos se entretejen, conectándose energéticamente. Este entretejido puede causar el sentimiento de intranquilidad, particularmente en una relación nueva.

La segunda etapa de la reacción, la cual en el Occidente es con frecuencia una confrontación, es llamada *tupay*. Ésta reacción entre dos entidades que son desconocidas entre sí, no es necesariamente de enemistad o agresiva, sino que puede ser más como midiéndose el uno con el otro y al potencial para reaccionar. En el pensamiento andino este concepto es ilustrado comúnmente con la historia de dos indios quienes se encuentran en un sendero y se inspeccionan entre sí, viéndose entre sí, hueliéndose entre sí, y desafiándose entre sí por medio de lenguaje corporal.[12] Estas acciones no están percibidas como conducta agresiva por parte de ninguno de los individuos. En la tradición andina, el poder se demuestra en la manera de una competencia amistosa, como forma de aprender acerca del otro. Este aprendizaje puede tomar la forma de una competencia en la cual habrá un ganador, así como una carrera al tope de la montaña.

La diferencia entre el concepto andino de una relación y la nuestra es que la de ellos no se enfoca en quien tiene la ventaja. Media vez hay un ganador en la competencia, la tercera etapa de la relación, la comunión, o *taqe,* ocurre. En esta etapa, cualquier ganador de una competencia está obligado a enseñarle al otro. Durante el *taqe,* los filamentos de los dos cuerpos de energía actualmente se mezclan juntos y un tipo de comunión energética toma lugar. Como resultado, los cuerpos luminosos de los dos individuos ganan una comprensión mutuo y llegan a un nivel nuevo de cooperación.

Los líderes incas demostraban la práctica de *taqe* en su trato a las culturas que ellos conquistaron, y que se convirtieron en parte del imperio. A las otras culturas les permitieron mantener a sus creencias y así a su identidad cultural. Hubieron casi cien grupos étnicos diferentes en el imperio, cada uno de los cuales hablaban una docena de dialectos. Sus costumbres individuales eran tratadas con respeto, se les daba comida y se les enseñaba las artes tradicionales.

De acuerdo con las creencias andinas, esos que han logrado una percepción más ensanchada o tienen una conciencia superior practican el *taqe,* la unión de los campos de energía con el propósito de subirle el ánimo a la humanidad. Es el espíritu del *taqe* que los practicantes andinos están compartiendo con sus profecías, por que ellos comprenden que éste es el tiempo de Taqe Onkay, el gran entretejido de las tribus.

LAS PROFECÍAS ANDINAS

Las profecías andinas están centradas en el concepto de transformación, o *pachacuti*. *Pacha* quiere decir el cosmos o la Tierra, mientras que *cuti* quiere decir darle vuela, o corregir. Pachacuti fué el nombre dado al noveno soberano Inca, quien construyó a Machu Picchu y al Imperio de los Niños del Sol. Así como lo implica el nombre el fué el transformador de la sociedad inca que inició a la quinta era mundial inca, o el quinto sol, que irónicamente también trajo el final del mundo inca. El tiempo del *pachacuti* trajo la venida de los conquistadores españoles y finalmente la destrucción del imperio. En un furor de violencia, la orden cultural más alta que los Andes ha conocido fue rápidamente derrocada.

La profecías andinas predijeron el regreso del *pachacuti*, pero éstas no son profecías de fatalidad —ellas prometen un comienzo humano nuevo, "un milenio de oro en la Tierra."[13] Ellas hablan del potencial que viene al "salir fuera del tiempo,"[14] lo cual no es simplemente un concepto metafórico sino que un logro concreto que puede despertar a toda la gente del mundo.

Cuando nos salimos fuera del tiempo, dejamos a todos los conceptos pasados y toda la percepción que resulta de nuestra noción normal del tiempo y el espacio. Tal cambio nos da el potencial de re-crearnos a nosotros mismos en un paradigma totalmente nuevo. De acuerdo con Villoldo, las profecías hablan de un "desgarro en la tela del tiempo."[15] Los ancianos andinos reconocen que éste evento, que es un fenómeno perceptible, le presenta a la humanidad con una oportunidad enorme. Si somos capaces de renunciar de cada concepto limitante que tenemos acerca de nosotros, finalmente veremos el esplendor pleno de lo que podemos ser —lo que la gente de la cultura inca siempre han sabido. Que somos, en efecto, semillas de luz divinas —somos semillas de dios.

Las profecías andinas implican que las entradas a otras dimensiones se están abriendo otra vez. Américo Yabar se refiere al tiempo actual de *pachacuti* como "el tiempo de la semilla nueva." La humanidad nueva que resultará será capaz de percibir al universo en una forma radicalmente diferente; vamos a poder salir fuera del tiempo lineal. Cuando nos deslizamos por las entradas a las otras dimensiones, tenemos la oportunidad, así como la tuvo Wayu, de explorar a nuestro potencial humano en su totalidad.

Las profecías también hablan del tiempo del *mastay,* o la re-integración de la gente de las cuatro direcciones. Los Q'ero y otros andinos han ofrecido sus enseñanzas para ayudarle al mundo a prepararse para el gran *mastay.* Así como ellos lo expresan, el tiempo ya viene para que la Gran Águila del Norte y el Gran Cóndor del Sur (refiriéndose a las Américas como un todo) vuelen juntos otra vez.[16]

Las enseñanzas andinas involucran a *mosoq karpay,* una ceremonia especial en la que la semilla de *pachacuti* se dice que se coloca en el cuerpo luminoso de cada destinatario, de esta forma a través de una transmisión energética, conectando al individuo con el poder del linaje antiguo, el semillero de Wiraccocha. Dentro de la semilla están los códigos de luz del cuerpo de los incas, los seres dioses conectados directamente con las estrellas.

Existen muchos caminos para el despertar de la semilla de la divinidad en todos nosotros. Por medio de oración (el habla sagrada), por medio de la ceremonia y el ritual (las acciones sagradas), por medio de transmisiones directas (la gracia sagrada), y por la practica de *ayni* (el ser sagrado), las semillas dentro de nosotros pueden despertarse y prosperar. Sin embargo, éstas semillas no se despertarán hasta que nosotros nos deshagamos de las creencias falsas que nos dicen que estamos separados de la naturaleza. Para despertar, necesitamos liberarnos de la visión del mundo cartesiana limitada y que nos reunamos con la Madre Cósmica divina. Irónicamente, solo a través de Eva podemos recuperar nuestra entrada al jardín.

En éste contexto, Alberto Villoldo expone que para ganar tal conciencia ensanchada los occidentales primero necesitan despojarse del mito que fuimos expulsados del jardín. Él dice: "Somos la única gente en el mundo que fuimos expulsados. Toda la gente primitiva tienen una comunión inmediata con el jardín: Ellas todavía pueden caminar en el jardín, ellas todavía pueden hablar con los arboles, los ríos, y los ríos les contestan."[17]

Media vez seamos capaces de descartar el mito de nuestro destierro, no hay necesidad de teologías y psicologías de negarnos a nosotros mismos. Entonces estamos completos —de la manera en que empezamos y de cómo estamos ahora. Así como Américo Yabar nos dice, para criar a la semilla debemos primero de conectarnos de nuevo con la *pachamama*. Necesitamos ofrecerle a la *pachamama* nuestro *ayni* más alto. Éste puede ser la única cosa más importante que podamos hacer, ya sea ambos como individuos y como una comunidad humana.

El parecer andino holístico de la importancia de las inter-relaciones también se extiende a los tipos de personas y a las culturas. En este parecer hay tres tipos de gente —los que tienen conocimiento, conocido como *yachay,* esos que tienen amor y sentimientos, conocido como *munay;* y esos que tienen la habilidad de manifestar, conocida como *llankay.* La gente europea se dice que personifica en su mayoría al gran poder intelectual de *yachay.* La gente de Norte América se dice que tienen el poder físico más desarrollado y la voluntad fuerte que los lleva a la acción en el mundo externo, correspondiendo a *llankay.* Y los indios de Sur América se dice que poseen el amor más grande, representado a *munay.* Sin embargo, de acuerdo al parecer andino, ninguna de las habilidades es superior o completa en sí. La gente de todas esas cualidades se complementan entre sí, y sólo cuando éstas tres modalidades trabajen juntas existirá una humanidad unificada.

Además, y mucho más importante, éstos tres aspectos —la mente, el cuerpo, y el corazón— así como las tres piedras simbólicas que los mayas fijan en sus hogares, deben ser mezclados dentro de cada individuo. Desequilibrios dentro de individuos, dentro de culturas separadas, y dentro de la humanidad en su todo deben ser corregidos.

El concepto andino antiguo de las relaciones tiene mucho que ofrecer a nuestro mundo moderno. Éste le hace hincapié a que todos debemos trabajar juntos en cooperación y juntar a nuestros puntos fuertes y débiles como individuos y como un colectivo en el espíritu de intercambio y reciprocidad. Solo a través del espíritu de reciprocidad vamos a completarnos como individuos y como humanos.

Las profecías hablan de eventos que ocurren dentro del colectivo.

Aunque todos debemos trabajar en un nivel individual para abrir a nuestros horizontes perceptibles y a encontrar a nuestra propia forma de perfeccionar el *ayni,* será una humanidad colectiva la que hará el salto a un nivel nuevo de conciencia. Para poder lograr esto, necesitamos usar nuestro intento colectivo para lograr un *ayni* perfecto con toda la naturaleza, la *pachamama.*

Las profecías demuestran los principios de *ayni,* la reciprocidad y la relación. Sin embargo, para comprender a las profecías, es necesario el comprender los niveles de desarrollo de la conciencia junto al camino andino, que son universales y que pueden ser logrados a través de las muchas enseñanzas espirituales.

De acuerdo con las perspectivas andinas existen siete niveles de conciencia. En su libro, *Initiation* [La iniciación], Elizabeth Jenkins describe a su trabajo con Juan Núñez del Prado y a los diferentes niveles de conciencia enseñados por él. De acuerdo con Juan Núñez del Prado, la mayoría de la humanidad no se movido más alla del tercer nivel de conciencia —un nivel atascado en el miedo, el conflicto, la violencia, y el empobrecimiento espiritual. Debido a que el mundo nos refleja lo que creemos y personificamos, si las acciones y los pensamientos de la humanidad surgen del miedo, el conflicto, la violencia, y el empobrecimiento espiritual, el universo va a reflejar tales intentos y acciones. En este sentido nosotros creamos a nuestro propio karma, y el futuro será siempre un reflejo de lo que nosotros ponemos en macha en el presente. Como consecuencia, hasta que nosotros no podamos resolver el miedo, el conflicto, la violencia y el empobrecimiento espiritual dentro de nosotros, no vamos a poder movernos más allá del tercer nivel de conciencia.

Para poder alcanzar el cuarto nivel de conciencia, debemos aprender a soltar a las energías densas dentro de nosotros y a sanar las heridas emocionales dentro de nuestros cuerpos de energía, incluyendo el daño causado por nuestra historia familiar y ancestral. Esto es similar a la perspectiva tolteca que expone que necesitamos deshacernos de las creencias limitadas que hemos absorbido de nuestra cultura y quitarnos el residuo de las encarnaciones pasadas.

A primera vista esto podría parecer imposible, pero no lo es. Se puede hacer aprendiendo a trabajar en armonía con el universo invisible, lo que el camino andino llama el universo de energía. Sin embargo, para trabajar con el universo de energía tenemos que primero restaurar nuestra conexión con la *pachamama*.

En el cuarto nivel, aprendemos a trabajar con las dinámicas de nuestro cuerpo energético. Media vez hayamos aprendido a soltar nuestra energía densa podemos trabajar con las energías mas refinadas de la *pachamama* y acceder a las energías del mundo superior. Estas energías pueden ser percibidas con frecuencia en las áreas sagradas en donde hay aperturas a los mundos superiores. El cuarto nivel también implica el aprender a percibir y a trabajar con las energías de los individuos, grupos, y lugares sagrados. En el cuarto nivel de conciencia aprendemos a entregarnos al albedrío superior. Cuando seamos capaces de hacer esto, la misma energía nos va a guiar.

Para alcanzar al cuarto nivel de conciencia, debemos trabajar en *yanantin,* el estado de relación armoniosa entre energías diferentes. Parte del *yanantin* es el aprender a acceder, a despertar y a respetar a ambos tanto a nuestro aspecto interno masculino como a nuestro aspecto interno femenino así también como a caminar en *ayni* perfecto con los miembros del sexo opuesto. Debemos aprender a reflejar con *ayni* perfecto el amor de la *pachamama,* el amor del otro, y el amor del grupo. Podemos entonces empezar a despertar el potencial del quinto nivel de conciencia.

La mayoría de los místicos andinos no creen que existan individuos que actualmente estén funcionando en el quinto nivel de conciencia. Sin embargo, alguna gente creen que esos entre nosotros que han ido a más alla de nuestro karma individual han logrado el quinto nivel. Ésta perspectiva implica que los grandes sanadores y maestros planetarios de nuestro tiempo moderno, así como el H. H. Dalai Lama y Sai Baba, están todos funcionando en el quinto nivel de conciencia y a mas allá. Su aparición en la familia humana marca un punto decisivo para la humanidad. Aunque en el pasado siempre han existido seres de gran luz en la Tierra, éstos fueron los hombres dioses legendarios. A medida que más y más humanos alcanzan el quinto nivel de conciencia, vamos a entrar a una fase nueva de desarrollo humano. Podríamos ver a ésto como a una vuelta critica en camino de espiral de la evolución. La luz que a través del proceso de involución entró profundamente en la materia empezará el proceso de ascensión. Maestros del quinto nivel de conciencia saben el cómo trabajar con las corrientes de energía de los cuerpos de sus estudiantes, balanceando de nuevo y despertando los filamentos de energía. Ellos también son capaces de limpiar el residuo de karma a un nivel individual y de quitar a los elementos negativos de la humanidad a un nivel de grupo, de esta manera haciendo posible una transformación global.

Juan Núñez del Prado dice que de acuerdo con la profecía andina los individuos en el quinto nivel de conciencia empezarán a aparecer en el festival anual de Q'ollorit'i, o el Festival de la Estrella de la Nieve, alto en los Andes, cuando la energía del grupo generada por el festival es lo suficientemente fuerte.[18] Específicamente, la profecía relata que el primer hombre se levantará en el Festival del Q'ollorit'i y caminará al pueblo de Urcos por una ruta indicada. Entonces el encontrará al segundo hombre por la puerta de una iglesia cerca del templo de Wiraccocha. Juntos ellos irán a Cuzco a encontrar al tercero y luego a Lima a encontrar al cuarto. En Lima los cuatro encontrarán a la primera mujer del quinto nivel. Luego ellos irán a Arequipa a encontrar a la segunda mujer. (La cultura inca no era patriarcal, teniendo a un dios creador que era andrógino. Mientras que cada soberano Inca tenía a una mujer homóloga, ellos no gobernaban juntos sino que funcionaban en dominios complementarios como el sol y la luna, a los que ellos supuestamente representaban.) Desde allí, ellos continuarán al Lago Titicaca, en donde ellos encontraran a la tercera mujer y luego regresarán a Cuzco, en donde encontraran a la cuarta mujer, por un total de ocho individuos. A éstos ocho se les juntarán dos parejas más, del Norte, para un total de doce gente al quinto nivel de conciencia. Juntos los doce regresaran al Templo de Wiraccocha, en donde ellos llevarán a cabo el rito antiguo de la coronación.

Se ha dicho que el último Inca, el Inca Huayna Capac, el nieto del gran Inca Pachacuti, fué seleccionado durante el rito de coronación en el templo de Wiraccocha, que tiene doce templos, uno para cada linaje real

Inca. En la ceremonia, doce incas, uno de cada linaje real se juntaron para seleccionar as su siguiente dirigente, el Inca Sapa. Según se dice, el candidato elegido no era solamente el mejor dirigente sino también el más desarrollado espiritualmente. La palabra *Inca* (actualmente Inka) denota un nivel alto de desarrollo espiritual. De acuerdo con la leyenda, al final de la ceremonia uno de los candidatos brillará visiblemente con luz brillante, como si la mano del mismo Wiraccocha hubiera seleccionado al próximo Inca. Esta habilidad de brillar es una señal del sexto nivel de conciencia. Esos que han visitado a los grandes maestros en la India, así como a Sai Baba, pueden confirmar que los seres sumamente desarrollados sí parecen como que brillan.

Alguna gente creen que todos los once soberanos incas y sus mujeres homólogas, las *goyas,* habían alcanzado el sexto nivel de conciencia. Acerca del séptimo nivel, ésta manifestación de conciencia es de tan del más allá de cualquier cosa que nosotros conocemos actualmente, que es difícil tan siquiera especular acerca de los componentes específicos.

LA APARICIÓN DEL QUINTO NIVEL DE CONCIENCIA Y LA PERSPECTIVA DE UNA ÉPOCA DORADA

La profecía andina, así como los mitos y las leyendas, está expresada en un lenguaje metafórico y disimulada en una visión del mundo específica. La profecía dice que la elevación otra vez de un Inca al sexto nivel de conciencia indica la aparición de un dirigente mundial divino capaz de balancear de nuevo al poder mundial. Entonces, y sólo entonces, la época dorada de la humanidad comenzará. Ésta época dorada, una que también fue predicha por otras profecías de alrededor del mundo, es llamada la Taripai Pacha, la era del encontrarnos otra vez a nosotros mismos. Esta es, sin embargo, una posibilidad, no una certeza.

Existen varias opiniones acerca de cuando va a empezar ésta nueva era. Los maestros andinos creen que el *pachacuti* actual terminó en agosto del 1993,[19] una fecha que puede marcar el principio del sexto sol, o la sexta era. Otras fuentes alegan que el sexto sol empezará en el

2012, mientras que el *nagual* Tolteca, Miguel Ruiz dice que esta ocurrió en enero del 1992.[20] Interesantemente los Q'ero se apegan a un concepto completamente diferente de las edades del mundo, uno que fué sobrepuesto en su cultura por el clero Católico antiguo.[21]

La mayoría de los maestros andinos están de acuerdo en que habrá un tiempo de transición hasta la aparición del quinto nivel de conciencia entre la humanidad así como un todo. Ellos creen que el quinto nivel será manifestado allí por el 2012. Es profetizado que entonces el sexto nivel de conciencia se levantara, y un nuevo Inca Sapa será reconocido. Sólo entonces, la Taripay Pacha, la época dorada de la humanidad, comenzará. La época dorada anunciará a los principios del séptimo sol, el tiempo de los niños de la luz que están completamente despiertos.

Para captar el significado de cómo estos niveles de conciencia se van a manifestar, es crítico el ver a cada nivel como a una oportunidad para la elevación colectiva de la conciencia. Éstos son potenciales que se van a manifestar dentro de una proporción significante de la humanidad, no solo entre unos pocos individuos.

Además, la profecía implica que toda la humanidad alcanzará el quinto nivel de conciencia simultáneamente, eso es, que ésta época dorada será una experiencia colectiva de la conciencia realzada. Aunque dice que el primero de los doce aparecerá en el festival de el Q'ollorit'i, el Festival de la Estrella de Nieve, esto no es simplemente una referencia a un evento físico sino que a una preparación colectiva de parte de la humanidad. Cuando suficientes semillas de dios humanas estén despiertas, liberadas del miedo y de los otros aspectos negativos del tercero y el cuarto nivel de conciencia, la semilla del quinto nivel de conciencia puede brotar dentro de la humanidad como un todo.

Es más, la profecía relata que esos que han logrado el quinto nivel de conciencia vendrán de todas las direcciones y de lugares sagrados para los incas. Así como se ha discutido, ésta expone que el primer hombre aparecerá en el este, en el Festival de Q'ollorit'i, y que caminará al sur (Urcos), en donde el segundo habrá aparecido. Entonces ellos caminarán al oeste (Cuzco) en donde el tercero habrá aparecido, y luego al norte (Lima), en donde ellos encontraran a la primera mujer. El ciclo entonces será repetido con las mujeres iluminadas, quienes vendrán del norte, el sur, el este y el oeste. Así los ocho hermanos y hermanas iluminados aparecerán simultáneamente, así como los ocho hermanos y hermanas incas originales, los primeros niños de la luz. Estos ocho —cuatro hombres (*malku's*) y cuatro mujeres (*nusta's*) serán juntados con otras dos parejas del norte, y entonces ellos se reunirán en el templo de Wiraccocha, que es la luz, la fuente de toda la creación. Finalmente, la profecía declara que los niños de la luz entonces danzaran en ritual sagrado como seres concientes por completo.

Una interpretación de la profecía es que esos doce individuos representan la conciencia colectiva despierta de la humanidad. Otra interpretación posible es que los ocho individuos representan lo mejor de lo que queda de la semilla sagrada de la luz, plantada aquí originalmente por los Elohim. Los cuatro viniendo del norte también podrían representar a una intervención divina nueva, ya que en la cosmología andina antigua al norte se le había referido como la Vía Láctea.[22] En esta interpretación, la profecía podría significar que la conciencia humana colectiva que está evolucionando se va a juntar con una conciencia superior representada por cuatro avatares, cuatro hermanos y hermanas de la luz, que vienen de fuera del plano de la Tierra.

Además, el número doce tiene muchas asociaciones. Es imposible que los doce individuos mencionados en la profecía podrían representar a las doce tribus de Israel, los doce signos zodíacos, o las doce tribus del linaje real Inca, los verdaderos niños de la luz, las semillas de dios plantadas aquí en la Tierra hace mucho tiempo —el nuevo Adán Kadmón.

Los orígenes del Festival de la Estrella de Nieve están también envueltos en misterio. Celebrado cada año en mayo o en junio en la luna llena, el festival es celebrado en lo alto de las montañas, a una elevación de cerca de 17,000 pies, al pié de un glaciar enorme. Esta ubicación es considerada como un sitio sagrado antiguo, pero su verdadero significado permanece un misterio porque los *quipus,* las cuerdas anudadas por medio de las cuales fue grabada la historia, fueron destruídos. Las leyendas hablan de la aparición mágica en este sitio de un muchacho joven que se parecía a Cristo, que pareció haber desaparecido en un relámpago de luz cegadora dentro de una roca ubicada en el sitio, supuestamente dejando su imagen imprimida en la roca. Ésta aparición mística ha sido ampliamente interpretada como si hubiera predicho el regreso mesiánico de los Incas, los Niños del Sol.[23]

El Festival de la Estrella de Nieve, coincide más o menos con el antiguo Festival del Regreso de las Pléyades. Juan Núñez del Prado dice que las Pléyades, que son visibles claramente en el cielo nocturno, cuidan del festival y sirven como el *taqe* para el festival —un juntador de campos de energía. Él cree que las Pléyades emanan una influencia cósmica poderosa y que ésta sirve para unir a las diversas energías vivientes juntas en un todo colectivo.[24]

En la época dorada de la humanidad que esta por venir, la semilla de los niños de la luz florecerá y la conciencia superior de la humanidad atraerá a los grandes mensajeros de los dioses, al cóndor y al colibrí. Sabemos que en la tradición inca popular el cóndor es un símbolo del mundo superior. Es un guardián de de los campos de energía superiores. El colibrí sagrado viene, de acuerdo con la leyenda, a danzar encima de la cabeza de los iluminados, para probar el néctar dulce de su iluminación, y para polinizar a las flores sagradas de la conciencia nueva. Es el mensajero divino el que lleva el mensaje de iluminación de la humanidad hacía los mundos superiores. Y de la flor de la nueva conciencia humana vendrá una semilla nueva. En el futuro distante, de la semilla nueva, un séptimo nivel de conciencia podría aparecer.

Ahora que una conciencia nueva parece estar desplegándose, así como Núñez del Prado les dice a sus estudiantes, ya es el tiempo en que todos nosotros los que nos hemos bañado en la luz de éste despertar sagrado, nos hagamos *taques,* los juntadores de los campos de energía. Es nuestra tarea la de ayudar a despertar a nuestros hermanos y hermanas.

5

EL DESPERTAR

A medida que nos acercamos al milenio, hay mucha habla acerca de la Nueva Era. Por lo que unos dicen el sexto sol, que marca el principio de la era del sexto mundo, ya salió, y la muy anunciada era astrológica de Acuario ya llegó. Sin embargo, hay confusión acerca de cuando la era de Acuario comienza actualmente por que no estamos seguros de cuando la era de Piscis empezó. Desde una perspectiva astrológica, una era está basada en el concepto de la precesión causada por el tambaleo en el eje de la Tierra. Un período precesional dura aproximadamente 2,160 años. Como la era de Piscis comenzó por allí entre el 144 a.C. y el 496 d.C., la era de Acuario debería amanecer pronto o posiblemente muy cerca de la mitad del siglo 21.

El simbolismo de éstas dos eras refleja a las varias fuerzas que están operando en el mundo. El signo de Piscis so dos peces paralelos que apuntan en direcciones opuestas. Carl Jung ha interpretado a este símbolo como a dos fuerzas diferentes. Un pez, representando la primera mitad del ciclo, simboliza al jalón hacia el espíritu y la aparición de la figura de Cristo. El segundo, representando a la segunda mitad del ciclo, simboliza el jalón hacia la materia y el materialismo.[1] El simbolismo de la era de Acuario, el portador de agua, representa a nuestra salida de lo inconciente a un estado de totalidad e integración.

Basado en la precesión actual, la era de Piscis concluye allí por el final del calendario maya. Sin embargo, así como lo hemos visto, la gente antigua de Mesoamérica y de Perú marcaron a sus edades del mundo un poco diferente.

Un gran *pachacuti,* un tiempo de gran cambio, ha precedido a cada nueva era mundial. De acuerdo con las enseñanzas andinas, la parte inicial del *pachacuti* actual terminó en agosto del 1993. Ésta fué la primera fase del Taripay Pacha, "el tiempo de encontrarnos otra vez a nosotros mismos." La segunda fase del Taripay Pacha traerá al quinto y al sexto nivel de conciencia. Ambos el quinto y el sexto nivel se manifestarán desde una conciencia humana realzada como a un todo. Sin embargo, la salida de estos niveles de conciencia depende de nuestro despertar como individuos. Los maestros andinos dicen que ésta gran trasformación debe ocurrir por el 2012. Por supuesto, es importante el reconocer que las referencias calendarias en el mito y en la profecía no siempre se pueden tomar literalmente. Así como sabemos, las culturas antiguas usaban frecuentemente los números simbólicamente y metafóricamente.

No es una coincidencia que el calendario maya termina en el 2012, el 21 de diciembre, el solsticio de invierno. La era del mundo actual, el cuarto sol de los mayas antiguos (el quinto sol de los incas) está menguando. El período de 5,125 años que empezó en el 3112 a.C., y que marca al ciclo actual de los sembrados, está llegando a su final. Los mayas predicen que éste ciclo de tiempo, su cuarto sol, terminaría en grandes terremotos —una noción que podría ser una metáfora para grandes cambios culturales. Sin embargo, es importante el recordar que la conjunción simultánea del sol del solsticio con el centro galáctico ofrece un potencial para una gran trasformación espiritual y un renacimiento.

En este contexto es digno de mencionarse que un alineamiento planetario ocurrirá el 24 de diciembre, 2011, un año antes de que el calendario maya se termine. En ésa fecha todos los planetas de nuestro sistema solar van a tener una separación de 30 grados entre ellos. Estadísticamente, éste fenómeno podría ocurrir una vez cada 45,200 años.[2] Aparentemente los mayas previeron ésta alineación y por eso, para ellos, el año del 2012 era mucho más que el final de un ciclo precesional, era un evento galáctico mayor.

Por todos lados hay señales del *pachacuti,* grandes cambios planetarios son abundantes ahora. Los patrones del tiempo global se han hecho erráticos, resultando en sequías, hambrunas, huracanes, y terremotos masivos. Además, los bosques de lluvia se están quemando a pasos crecientes, y el número de especies en el planeta está disminuyendo rápidamente. Las causas sugeridas de éstos incluyen el calentamiento global, la merma de la capa del ozone, El Niño, La Niña, las pruebas nucleares, las actividades de las manchas del sol, y la invasión de la civilización tecnológica. Cualquiera que sea la causa, está claro que nuestro planeta está sufriendo cambios masivos. Aún así, el *pachacuti,* probablemente será un cambio de cultura, perceptual en vez de un evento físico.

Hace más de 25 años, Frank Waters, comentó acerca de los paralelos psíquicos que acompañan al cambio físico. El postuló que la prevalencia de las revoluciones económicas mundiales, las interrupciones económicas, religiosa y de valores sociales, y el interés absorbente en los OVNI todas eran las indicaciones de cambios psíquicos masivos que aparecen al final de un período precesional y al principio del otro.[3] En este respeto, Jung dijo que los cambios en la constelación de los dominios psíquicos, a los que él llamó los arquetipos y a los que los antiguos llamaron dioses, provocan o acompañan transformaciones del inconciente colectivo que duran largo tiempo.[4]

Interesantemente, el cambio psíquico que estamos experimentando está siendo causado en parte por nuestros grandes avances tecnológicos y por los descubrimientos científicos, forzándonos a reconsiderar a nuestra visión del mundo y nos está señalando hacia la dirección de una humanidad más unificada. Como resultado, estamos empezando a despertar a una experiencia nueva y más lúcida de nuestra realidad.

DESPERTANDO AL
HOLOGRAMA HUMANO

El *nagual* tolteca don Miguel Ruiz expone que entramos al sexto sol el 11 de enero del 1992, así como lo predijo el calendario azteca. El expone que en ese día la luz que venía del sol cambió. Don Miguel estaba en Teotihuacán con un grupo de sus estudiantes y actualmente vió cambiar al color de la luz. De acuerdo con él, la vibración y la calidad de la luz cambió, haciéndose más rápida y más refinada.[5] Él cree que ésto alteró a nuestro ADN, no sólo para esos que estaban en Teotihuacán en ese día sino que también para toda la humanidad, es más, para toda la vida en el planeta. Él ofrece la siguiente explicación;

> El ADN es una vibración específica de la luz que viene del sol y se convierte en materia. Cada tipo de vida en el planeta Tierra, desde las piedras hasta los humanos, tiene una vibración específica de luz que viene del sol. Cada planta, cada animal, cada virus, y cada bacteria tienen un rayo de luz específico. Éste es condensado por la Madre Tierra y la información llevada por la luz se convierte en materia. Ésta reproducción es el método por el cual el conocimiento silencioso es pasado de generación en generación de diferente vida. El ADN es específico para cada forma de vida. La ciencia todavía tiene que diferenciar las distinciones tenues en las formas del ADN.[6]

Las revelaciones derivadas de la investigación de la física de las partículas también han causado cambios mayores en nuestra percepción de nuestro mundo. Aunque el concepto de la luz como portadora de información es antiguo, los desarrollos científicos recientes indican que pueden existir bases factuales para esta verdad esotérica. La física que está trabajando en hologramas, por ejemplo, no sólo demuestra incontestablemente que la luz es ambas que porta y que "recuerda" información compleja así como también es capaz de transferir información instantáneamente. El modelo holográfico es una de las claves para el comprendimiento de cómo esta sucediendo el despertar planetario actual, y, en este contexto, es importante el comprender como trabajan los hologramas.

Los hologramas son imágenes de tres dimensiones producidas por patrones de interferencia. Un holograma es creado enviando un solo rayo láser a través de una lámina semi-reflectante, separando el rayo en dos. Uno de los rayos, llamado el rayo de referencia, es pasado a través de un lente especial que dispersa sus rayos en un faro amplio. A través del uso de espejos, el faro es dirigido a una lámina fotográfica. El segundo rayo, llamado el rayo de trabajo, también es pasado a través de un lente y es usado para iluminar el objeto que está siendo fotografiado. Cuando los dos rayos se juntan, sus ondas de luz reaccionan, creando un patrón de interferencia. Cuando este patrón es capturado en una tira de película, un holograma es creado. Es especialmente interesante el hecho que si se dirige un rayo de referencia a través del holograma se puede ver el objeto de tres dimensiones que había sido grabado originalmente por el rayo de trabajo. Ésto sucede, de alguna manera, por que el rayo de trabajo, la luz que reaccionó con el objeto al que se estaba fotografiando, mantuvo en sus ondas de luz una grabación del objeto.

Nosotros creíamos absolutamente que nada podía viajar más rápido que la velocidad de la luz. Ahora creemos que algunas cosas podrían ir más rápido que la luz. Todavía no hay prueba experimental de este concepto, pero hay bases teoréticas. Estas partículas que son teoréticamente más rápidas que la luz son llamadas taquiones. Es bien sabido que las ondas electromagnéticas, así como las ondas de radio y los rayos-X, llevan información que puede ser transferida a velocidades muy rápidas de cerca de 186,000 millas por segundo. Pero aún más asombroso es el hecho que la luz láser no sólo es capaz de retener patrones de información complejos en la forma de un holograma, sino que también es concebible que si un holograma estaba basado en energía parecida a los taquiones, éste podría transferir ésta información instantáneamente, sin ser limitado a la velocidad de la luz.

Otra cualidad excitante del holograma es que cada pieza contiene una copia de plano del todo y lo puede recrear, haciendo la insinuación del alcance lejano del holograma. En lo mínimo el holograma y su potencial da bases metafóricas muy útiles para la comprensión de la creación. Por ejemplo, el holograma puede demostrar que si los Elohim fueron de verdad los progenitores de las especies humanas, en algún lugar dentro de nuestra ADN hay un código para la inteligencia superior que representa a la divinidad. La Biblia expone que los humanos fueron creados en la imagen de Dios. El concepto del holograma nos dice que si Dios es el holograma maestro, cada humano contiene una copia de plano de Dios —una copia de plano que cada uno de nosotros puede usar para recrear una visión autentica y poderosa del verdadero Ser.

DETECTANDO A LA TOTALIDAD INTACTA

Entonces podríamos considerar a cada célula en el cuerpo humano como una biblioteca de información. Cada célula está compuesta de moléculas, cada molécula esta compuesta de átomos, y los átomos están compuestos de electrones, neutrones, y protones. En conexión con la conocida formula de Einstein, $E=mc^2$, se nos ha enseñado que la materia y la energía son equivalentes, que podemos convertir la energía en materia, y que la energía en una pieza de la materia es igual a la masa de ésta materia multiplicada por el cuadrado de la velocidad de la luz. Así que aún cantidades insignificantes de la materia representan a mucha energía. Sin embargo, mientras que en el pasado se creía que los electrones eran partículas —la materia existiendo en un punto en el espacio— ahora, de acuerdo con la física de partículas, los electrones no son partículas todo el tiempo, sino que a veces se comportan como ondas de luz. El concenso corriente es que éstos son ambos, parecidos a ondas y parecidos a partículas, así como es toda la materia. De hecho, en el mundo de la física cuántica, parece que éstas "partículas" elementales (incluyendo a los electrones) realmente no existen de ninguna manera. Lo que existe son relaciones, correlaciones, tendencias a actualizar desde una serie de potenciales multifacéticos. Un físico quántico podría decir que los electrones, así como todas las otras partículas sub-atómicas, son descritos por un "estado de probabilidad de densidad." En este nivel es notablemente evidente que tal vez no exista en ninguna manera una realidad objetiva física. Lo que la comunidad científica considero alguna vez que existía en el domino sub atómico y lo que el mundo educado fué enseñado a percibir como real, simplemente no existe.

La nueva física nos dice que la materia podría ser nada mas que una serie de patrones fuera de foco y que las "partículas" sub-atómicas realmente no están compuestas de energía, sino que simplemente ¡ellas *son* la energía! El mundo sub-atómico de los electrones, protones, y neutrones podría ser visto así como patrones de vibraciones dentro de lo que Rupert Sheldrake llama un campo morfogénetico, un campo de organización que subraya a la estructura de un sistema.[7]

Sabemos que podemos convertir la materia en energía. Podemos quemar la madera y obtener calor. Podemos determinar matemáticamente cuanto calor obtendríamos de un montón de madera usando la fórmula de Einstein. Y lo contrario también es verdad, la energía se puede convertir en materia. Por ejemplo, se puede observar que una luz láser de alta energía produce pares de partículas y anti-partículas. Los rayos cósmicos, que son fotones de luz de alta carga, han sido observados que cambian y se convierten en materia. La luz, los rayos-X, y las ondas de radio pueden ser todos convertidos de vuelta en partículas. Cuando sus ondas se mueven más despacio ellas alcanzan masa mientras que retienen algunas características parecidas a las ondas.

La luz también pueden ser consideradas ya sea una onda o una corriente de partículas. Sabemos que los fotones portan energía, y que la cantidad de energía llevada por un fotón es proporcional a la frecuencia de la luz. Eso quiere decir que, entre más alta la frecuencia de la onda, más energía porta ésta. Por ejemplo, los rayos-X y la luz ultravioleta tienen una frecuencia alta y una energía alta, mientras que las ondas de radio y la luz ultravioleta tienen una frecuencia baja y una energía baja.

Tan sorprendente como las cualidades etéreas aparentes de la materia es el hecho que el observador es quien trae las posibilidades del micro mundo a la existencia. De experimento a experimento, se ha demostrado que cuando la función observada, la onda, reacciona con el sistema que la está observando, la persona que está tomando las medidas, ésta cambia a un estado nuevo. Y ya sea que lo que se actualiza es una onda o una partícula, esto depende únicamente de la estructura del experimento. Un aspecto interesante del estado representativo aparentemente doble de la materia es que éste no es una propiedad doble de la partícula, sino que una propiedad de observaciones experimentales. Niels Bohr, uno de los padres fundadores de la física cuántica, señaló que una partícula solo se convierte en partícula cuando alguien la esta mirando. La nueva física nos dice que el observador no puede observar nada sin cambiar lo que ve. Además, los investigadores Brenda J. Dunne y Robert G. Jahn de Princeton, han demostrado que éste concepto no está limitado al micro mundo de reacciones cuánticas. Asombrosamente, ellos han, a través de una serie de experimentos bien documentados, establecido que nuestra mente, nuestra intención, puede alterar el resultado de los eventos.[8]

Las implicaciones de éstos descubrimientos son de gran alcance y significado para el mundo de actividades cotidianas y de interacción humana. Ellos implican que por nuestra intención conciente traemos a una manifestación de lo que queremos percibir —que podemos y que sí moldeamos a nuestra realidad.

Ademas, de acuerdo a un pensamiento científico nuevo, toda la materia y nosotros mismos consistimos de formas de luz. En su libro, *Vibrational Medicine* [La medicina vibracional], el médico Richard Gerber describe actualmente a toda la materia como "luz congelada," luz que se ha disminuido su velocidad y se ha hecho sólida. Un físico cuántico diría que la luz en éste contexto no ha disminuido la velocidad —que siempre se mueve a la velocidad de la luz. Que en vez, son los fotones de la luz los que se absorben, su energía ha sido transferida. Gerber expone que los átomos son ante todo espacio vacío. Lo que los llena, dice él, son bolsillos de luz que algunas veces actúan como materia.[9]

Si nuestros cuerpos, por lo menos metafóricamente, están compuestos de luz congelada, ellos mantienen las características de la luz, lo que quiere decir que tienen frecuencia. La materia entonces puede ser considerada como una luz de densidad mas alta. Así que, recurriendo a las implicaciones de la física moderna, podemos concluir que los seres humanos están hechos de luz que está mantenida en la materia.

Es importante el acentuar que el concepto de Gerber de la materia como luz congelada tal vez no sea simplemente metafórico. Gerber describe a la mátriz celular del cuerpo físico como un patrón complejo de energía de interferencia, interpretado por el campo bioenergético organizador del cuerpo etéreo. El cuerpo físico es por lo tanto un cuerpo de energía, y el campo esta compuesto por segmentos de vibración. Así como el físico Max Planck determinó, luz de frecuencia alta quiere decir luz de energía alta. Este concepto también se aplica a lo que nosotros pensamos acerca de la materia por que sabemos ahora que toda la materia, no sólo la materia cuántica, también tiene frecuencias y por lo tanto ondas —otra revelación científica que ha cambiado radicalmente la forma en que nosotros vemos al mundo físico. Usando ecuaciones simples, Louis De Broglie descubrió que la longitud de las ondas que corresponden a la materia, que no son visibles para nosotros. Un descubrimiento importante en la física cuántica que implica que toda la materia, incluyendo la materia que compone al cuerpo humano, está en sí compuesta por ondas de luz. Es por lo tanto interesante notar que muchas enseñanzas antiguas vieron a los humanos como engendrados por la luz, como niños de la luz.

El físico David Bohm, ganador del Premio Nóbel, ha escrito acerca de lo que el llama el orden implicado del universo holográfico. Este concepto sugiere que el universo entero es un holograma cósmico que esta cambiando constantemente y que está compuesto de capas con información. Cada capa tiene una orden alta de información y cada orden más alta está cubierta en un aspecto del tiempo/espacio. La órden mas alta puede ser considerada como la conciencia que filtra lo que parece una onda a una forma. Debido a que es un holograma, cada segmento contiene la información acerca de todo el universo. De ésta manera, la conciencia sí está de verdad en todas las cosas. La luz es tanto el médium como tambien el mensaje.

Además, el trabajo de Bohm en la física cuántica sugiere que al nivel sub-atómico todos los puntos en el espacio son esencialmente lo mismo, y por lo tanto nada está actualmente separado de todo lo demás. Ésta propiedad es llamada la falta de la localidad. El Teorema de Bell, desarrollado unos años más tarde por J. S. Bell, un físico sueco, proveyó la prueba matemática de la falta de la localidad.[10] Si pensamos sobre la localidad en términos de la conducta de las partículas de la luz (un punto específico en el espacio), entonces la falta de localidad puede ser vista en términos de la luz comportándose como una onda (indistinguible e interconectada).

Lo que estos conceptos nos dicen es que, en el corazón de nuestro universo, no existen partes separadas de nada, y que todo está conectado a todo lo demás. Además, ellos explican de como la información puede ser transferida de forma super luminosa, o más rápida que la velocidad de la luz. Por ejemplo, si dos fotones están conectados por falta de localidad, la comunicación entre ellos puede ser instantánea porque ellos no están verdaderamente separados.

Estos descubrimientos de la física cuántica tienen implicaciones importantes para la evolución de la conciencia humana así predicha por las profecías andinas. Así como Bohm expone, el mundo es una "totalidad intacta," todo está interconectado por la falta de localidad. Necesitamos aprender a percibir de una manera holística por que nuestro mundo y el universo entero están actualmente interconectados. Es erróneo el continuar percibiendo a nuestro mundo como un conglomerado de partes separadas, que no están relacionadas. A la luz de los principios científicos que están emergiendo, el punto de vista cartesiano es definitivamente engañoso.

Además, ésta forma holística de percibir al mundo refleja las enseñanzas de la gente antigua como los Incas. Wayu comprendió que ella no era nada mas que energía, o luz, y percibió a todo lo de alrededor de ella como energía que vibraba en frecuencias diferentes. Para ella, todos los campos de energía estaban conectados íntimamente a entre sí. Ella podía percibir frecuencias de energía de varias fuentes diferentes —de las estrellas al igual que de las montañas sagradas. El universo era animado, y se comunicaba constantemente con Wayu y con todo lo demás del mundo. La información no venía a ella en partes definidas lógicamente (en forma de partículas a la velocidad de la luz) sino que en una totalidad intacta (a velocidad super luminosa). Ella tenia acceso a las entradas del potencial cuántico. Las enseñanzas budistas e hindúes nos dijeron hace mucho que todo es energía que está danzando en forma, y que la danza es un tejido continuo de la forma y de lo que no tiene forma. Ahora las investigaciones de las fronteras de la ciencia nos están diciendo la misma cosa.

LA REVELACIÓN DEL ADÁN KADMÓN

Así como se discutió, la luz láser es una luz enfocada, coherente, en la cúal cada onda refuerza a cada acción. La luz láser es la estructura de orden más alta y más uniforme que se encuentra en la naturaleza. Por eso es que es más brillante que la luz ordinaria. Sus ondas separadas parecen compartir una identidad y por lo tanto funcionan como si fueran un todo. Como seres espirituales, nosotros también nos convertimos en luz coherente media vez nos hayamos liberado de nuestros patrones de energía desecantes y que hayamos aprendido de cómo usar la energía eficientemente. Así como dijo Carlos Castaneda, nosotros necesitamos ser impecables con nuestra energía.[11] Eso quiere decir, que necesitamos dar lo mejor de nosotros en todo lo que hacemos, haciendo uso óptimo de nuestra energía individual. Solo entonces podemos enfocar la atención con vigilancia en nuestra esencia verdadera como seres llenos de luz, y desarrollar nuestro potencial como semillas de dios. Debemos evitar las distracciones de todo tipo y dejar de gastar nuestra energía preciosa. Estar funcionando en una forma precisa y enfocada, así como la luz láser, es el camino a la lucidez.

Parece claro que nuestro potencial humano oculto se está revelando ahora. El orden superior de la conciencia que representa nuestro próximo salto en la evolución humana está siendo activado ahora, y estamos evolucionando hacia una frecuencia de luz más alta. Una luz nueva, conocida metafóricamente como el sexto sol, es un catalista. Su propósito es el de liberar el potencial oculto en la semilla.

Además, es posible que el potencial oculto yace dentro del tejido mismo de nuestro ADN. El cuerpo humano podría ser un holograma, un reflejo en forma de luz encerrado en la materia, del gran holograma cósmico. O, expuesto de otra forma, la copia de plano para la humanidad como especies espirituales, el Adán Kadmón, está envuelto holográficamente dentro de nosotros. Sabemos que hay más de 100 trillones de células en el cuerpo humano, y que cada una de ellas tiene un juego completo de ADN distribuido en los 23 cromosomas. Nuestro ADN es un micro-universo fijado en una hebra continua de cerca de 6 pies de largo, con cada hebra conteniendo 3 billones de componentes. Los científicos han descubierto que la mayoría de los componentes del ADN no tienen una función que es reconocible dentro del paradigma actual —solo el 3 por ciento se creen que funcionan. ¿Qué si éstas mantienen el código de las órdenes superiores de la evolución humana que serán activados en el futuro?

El autor Gregg Braden ha teorizado que el planeta entero está experimentando un cambio hacia una frecuencia de nivel más alto, y que como resultado, la parte actual de nuestro ADN que no está siendo usando, será activado. Él supone que debido a la exposición a longitudes de ondas de información más complejas y más cortas, combinaciones de los aminoácidos únicos que componen al ADN son capaces de ser producidas. Braden cree que si la vida humana se define genéticamente por el tipo de arreglo de los aminoácidos esenciales, y si estos arreglos están cambiando, entonces una forma de vida nueva de las especies humanas está emergiendo (o por lo menos siendo capaz de formarse).[12]

En este respeto es interesante el notar que, así como la bióloga evolucionaria Elizabet Sahtouris indica, la historia de la evolución ha demostrado repetidamente que el ADN es capaz de cambiar su arreglo inteligentemente en reacción a las condiciones ambientales que están cambiando.[13] Por lo tanto, algunos tipos de mutaciones tal vez no sean al azar de ninguna manera. Nuestro ADN podría ser capaz de utilizar a la información y de hacer cambios concientes en su estructura. Esto quiere decir que éste puede concientemente dirigir el proceso de la mutación, de esta manera transformando a las especies.

Ésta idea fué discutida recientemente por Edgar Mitchell (el fundador de el Institute of Noetic Sciences [Instituto de la Ciencias Noéticas] en una conferencia acerca de la ciencia y la conciencia. Mitchell se refirió a una investigación nueva conducida en Europa, que no ha sido publicada pero si ha sido evaluada por los pares y ha sido verificada, que tiene que ver con la mutación en los virus. Ésta investigación parece haber establecido que el ADN es capaz de aprendizaje.[14]

Ya sea que nos estamos refiriendo a un concepto metafórico o a una posibilidad actual, es interesante el especular en cual podría ser el origen de la "luz nueva." El ciclo precesional actual que empezó hace unos 25,800 años está terminando. Por primera vez en 25,800 años el sol del solsticio de diciembre va a estar en conjunción con el centro galáctico. Alguna gente creen que, como resultado, estamos entrando a un ciclo nuevo de comunicación con nuestro centro galáctico, ubicado a una distancia de 23,000 años de luz, en el corazón de la Vía Láctea. Si existe una verdad en esta noción, es posible que el advenimiento de un ciclo nuevo precesional traerá un desplazamiento en "luz" y de que en alguna forma catalizara a un potencial nuevo para el holograma humano.

De acuerdo con el mito de la semilla de dios humana, la semilla se despertará cuando sea tocada por una luz nueva y empezará a brotar. Leyendas de un regreso a paraíso o una era dorada se encuentran por todo el mundo. Éstas son un aspecto de la mayoría de religiones e incluyen el concepto de Shambala, el regreso del gran hermano blanco, la era dorada que va a seguir al Kali Yuga así como fue predicho en las enseñanzas hindúes, la era dorada profetizada por los maestros andinos, y la regeneración de un paraíso terrenal prometido en las enseñanzas judeo-cristianas. Es aparente que éste es el tiempo predicho in muchas leyendas y mitos de alrededor del mundo y en las tradiciones sagradas de mucha gente indígena —el tiempo del gran despertar.

LA SEMILLA DE DIOS MADURA

El despertar de las semillas de dios tal vez no será exactamente lo que esperamos. Nuestra evolución como especies de la luz acaba de empezar. Si hubieron, así como nos dice la Biblia, siete días en la creación, estamos ahora al principio del séptimo día. Sin embargo, este no es un tiempo para descansar sino que un tiempo para la aparición divina. Lo que está apareciendo es una conciencia profunda de la totalidad intacta en la que vivimos. Para poder comprender mejor éste despertar, es útil usar el sueño lúcido como una analogía.

La practica del sueño lúcido (el estar conciente de nuestro propio estado de sueño) es un punto de referencia útil. Nosotros sabemos que soñamos durante lo que es conocido como el movimiento rápido de los ojos, MRO. Sin embargo, la mayoría de nosotros no estamos concientes de que estamos soñando. Solo unos pocos de nosotros tenemos la habilidad de darnos cuenta que estamos soñando durante los sueños. Pero a medida a que ustedes se hacen hábiles en el sueño lúcido, permaneciendo totalmente conciente mientras su cuerpo físico está dormido, ustedes pueden desarrollar la habilidad de dirigir a sus sueños concientemente.

El proceso de despertar es muy parecido. Ustedes se vuelven totalmente concientes, totalmente lúcidos, despertando del sueño familiar cotidiano de la conciencia ordinaria despierta a un potencial nuevo, dirigiendo con propósito a su energía dada por Dios y manifestando una vida sagrada en la Tierra. La palabra *lúcido* viene de la palabra Latina *lucere,* que quiere decir brillar y ser claro. Todo podría ser lo mismo en el exterior pero ustedes están percibiendo a este mundo con una visión nueva y muy clara, sin limitaciones o sin ningún sentimiento de inutilidad.

Para la mayoría de nosotros éste es un proceso lento. Nos despertamos un poquito, luego nos dormimos. Esto sucede una y otra vez. Sin embargo, gradualmente nuestra lúcidez aumenta, y eventualmente nos quedamos despiertos por períodos de tiempo más largos. La última meta es la de permanecer totalmente despiertos en un estado de lucidez todo el tiempo. Esto requiere bastante esfuerzo, enfocamiento, y práctica. La maestría verdadera requiere que nosotros cambiemos nuestros nivel de funcionamiento, así despertando al holograma cósmico que está oculto dentro de todos nosotros.

LA APARICIÓN DE LAS ESPECIES DE LA LUZ

Nos han enseñado que la conciencia evolucionó a través de un proceso evolucionario gradual dentro de la forma humana. Descubrimientos en la ciencia nueva sugieren que ésta percepción tal vez no sea correcta. Ahora comprendemos que toda la vida biológica se organiza a sí misma y está ordenada de forma holística. Los antiguos comprendieron que la conciencia humana vino de una realidad que no era física. La conciencia, la orden más alta de expresión, se filtró de la apariencia de onda a la forma. Como hemos visto, somos, en realidad, seres de luz, y como tales, pertenecemos a las especies de la luz. Esto no es solo una metáfora sino que una realidad física.

Parece claro que el cambio hacia ésta conciencia está ocurriendo alrededor de nosotros. A través de sus escrituras, Gary Zukav (autor de *The Dancing Wu Li Masters* [Los maestros danzantes de Wu Li] y *The Seat of the Soul* [El asiento del alma]) y otros como Fritjof Capra, Fred Alan Wolf, Amit Goswami, y Deepak Chopra nos han ayudado a comprender las implicaciones de esta física nueva en relación con la conciencia nueva que está surgiendo. Zukav cree que hemos entrado a una fase nueva de evolución. Además, el también expone que somos seres de luz, y que la frecuencia de nuestra luz depende de nuestra conciencia. Nuestros pensamientos y nuestras emociones también son nada más que luz, corrientes de energía en frecuencias variadas. El concepto clave en mucha de esta ciencia nueva es que todo tiene frecuencia.

El maestro andino Juan Núñez del Prado les ayuda a sus estudiantes a distinguir entre las energías pesadas, densas y las energías refinadas. Cuando expresamos emociones negativas así como el miedo, el odio, y el enojo, estamos involucrados con energías densas y corrientes de baja frecuencia. En contraste, cuando expresamos emociones más positivas así como el amor y la bondad estamos tratando con energías mas refinadas, y corrientes de frecuencias más altas. Entre más baja es la frecuencia, hay menos conciencia y luz; entre más alta es la frecuencia, hay más conciencia y luz. Tiene sentido perfecto que a medida que expresamos más a nuestras verdaderas naturalezas divinas, la energía que creamos es más refinada.

En nuestro universo toda la luz física es un reflejo de la luz que no es física que se origina desde la conciencia pura que precedió y le dió alza a la forma. Así que, aunque existimos en la forma física, somos una reflexión de la luz divina de un orden más alto. Debido a que los antiguos comprendieron la potencia de reflexión divina y que la luz de la conciencia no está limitada a las leyes del universo físico, sus sitios ceremoniales fueron construídos para reflejar tanto a la luz interna como a la conciencia divina.

Gary Zukav cree que estamos evolucionando de un espectro de frecuencia a otro. Como humanos percibimos un espectro de color específico y nuestros cinco sentidos básicos funcionan dentro de un rango limitado, sin embargo también sabemos que los rayos invisibles de luz bordean al espectro limitado que vemos, y que existen frecuencias de luz, altas y bajas que podemos percibir con los cinco sentidos. La luz que no es física también tiene un rango de frecuencia. Existimos a cierto nivel de conciencia, a cierta frecuencia de luz, pero tal vez ahora vamos a saltar a un espectro de luz de frecuencia más alta —una luz mucho más refinada.

Con frecuencia asociamos a las energías mas refinadas y a las cualidades de luz con los seres espirituales mas desarrollados, así como los grandes maestros mundiales así como Jesús y Mohammed. Ellos representan a la semilla humana totalmente llena de poder cuyo papel es el de mostrarnos en lo que nos vamos a convertir. Sin embargo, para muchos, éste potencial les ha parecido fuera del alcance en la Tierra. Es critico en este punto de la evolución de nuestra conciencia humana colectiva que comprendamos que ésta no está fuera del alcance y que nos paremos enfrente a reclamar a nuestra identidad verdadera y a nuestro potencial divino. La semilla de dios en cada uno de nosotros ya está investida con esta energía divina, el mismo potencial que fué realizado por los hombres dioses míticos del pasado.

El proceso de despertar requiere que empecemos a funcionar como seres de la luz. Así como Zukav nos hace recordar, que somos seres dinámicos de la luz, capaces de regular con nuestros pensamientos y nuestras intenciones a la energía que fluye a través de nuestros sistemas:

La Luz que fluye a través de sus sistemas es energía Universal. Es la Luz del Universo. Ustedes le dan forma a esa Luz. Lo que sienten, lo que piensen, como se comportan, lo que valoran y como viven sus vidas refleja la manera en que están moldeando a la luz que esta fluyendo a través de ustedes. Estos son pensamientos en formas, sentimientos en formas y las formas externas que ustedes les han dado a la Luz. Ellas reflejan la configuración de sus personalidades, sus seres del tiempo/espacio.[15]

Cuando ustedes se integran con la luz que fluye a través de sus sistemas, así como Zukav dice, ustedes se convierten en una luz láser, coherente, un rayo de luz en el cual cada onda refuerza a cada otra onda con precisión. El ser humano integrado, la semilla de dios, es un ser de luz láser.

COMPRENDIENDO A LAS DINÁMICAS DE LA LUZ

Las semillas de Dios actúan con una intención enfocada, conciente. Ellos comprenden la dinámica de la luz, dándose cuenta de que cada pensamiento y cada emoción que experimentan pone a la luz en movimiento. Ellos se hacen responsables de la luz que fluye a través de ellos, siendo concientes de que ellos han elegido el traer a ésta luz a la Tierra.

A medida de que las semillas de dios maduran, ellas hacen más y más luminosas, eventualmente convirtiéndose en los iluminados. Ellos desarrollan la habilidad de atraer a las frecuencias altas de la luz e irradiar estas al mundo. Ellos sanan, enseñan, y sirven a donde los necesitan, haciendo que ésta luz esté disponible a los individuos y las situaciones del mundo para que se beneficien de su sanación. Ellos comprenden que no son nada mas que servidores de la luz, que están aquí para ayudarle al planeta y a sus habitantes a lograr y a mantener un nivel más alto de funcionamiento.

Las semillas de Dios comprenden la verdad fundamental que ha sido verificada por la física cuántica —que la luz responde al intento. La física cuántica ha demostrado que la naturaleza de la luz así como la percibimos, depende únicamente de la intención de la persona que la percibe, pues ya sea que la luz tome la forma de una onda o una partícula depende de la intención del observador. Las mismas reglas se aplican a la luz interior, cuya forma de manifestación depende del intento del humano que la moldea. Necesitamos estar totalmente concientes de cómo usamos a nuestro intento. Eso es lo que quiere decir el estar despierto.

El uso conciente del intento es la clave para el próximo salto en la evolución humana. Para captar el significado de esto, necesitamos darnos cuenta que nuestro potencial humano verdadero no está todavía bien desarrollado debido a las consecuencias devastadoras de nuestras percepciones falsas individuales y colectivas. Debemos actuar sabiendo que nuestras intenciones crean el mundo, en vez de sentir que nos están afectando las fuerzas de mas allá de nuestro control.

Debido a que la materia es luz congelada que tiene una forma, tenemos dentro de nosotros a la naturaleza pura de la luz en la forma de una onda. La física nueva nos dice que al nivel sub-atómico el vehiculo físico que forma a nuestro cuerpo mira, siente y actúa como una luz física. La luz que informa a nuestro conciente no es una luz que es física. Ambos aspectos de la luz que llenan a nuestro ser son de ordenes internas diferentes, pero están gobernados por una orden superior que tal vez no este limitada a las leyes físicas de éste espacio/tiempo. El holograma humano es por lo tanto una forma dinámica capaz de una expansión interminable.

Hemos sido criados para creer en muchos conceptos falsos acerca de nosotros, algunos de estos vienen de la física Newtoniana y del punto de vista mundial cartesiano. No hay nada intrinsicamente que sea malo con éstos sistemas de pensamiento; es sólo que ya se han usado demasiado. Estos no pueden describir todos los aspectos de la realidad. Muchas otras falsedades con las que nosotros vivimos vienen de nuestros sistemas religiosos convencionales. Por ejemplo, las tradiciones judeo-cristianas nos dan la historia del Jardín del Edén, un mito que desafortunadamente ha sido mal interpretado y que causa un gran daño a nuestro psique colectivo. Es posible que nosotros nunca fuimos desterrados del jardín, y que no pecamos. Por lo tanto no somos indignos espiritualmente.

Como llegó a existir la experiencia humana también puede ser explicada en términos de la luz descendiendo profundamente en la materia y congelándose en forma —un proceso natural de involución que precede el período evolucionario que se está aproximando. Esta fué una fase necesaria del proceso de la luz que estaba intra-penetrando a los dominios más densos del aspecto físico de la creación. La creación, en este contexto, no se termino en 6 días, sino que es un proceso en curso. Estamos ahora mismo siendo creados "en la forma y en la semejanza de Dios."

Con el advenimiento de la conciencia superior, la luz que ha estado en forma oculta se está despertando a su potencial. Ahora nos estamos cambiando de un proceso involuntario de congelación a un proceso evolucionario dinámico. Como semillas de dios humanas, nuestra luz se está elevando así como el retoño crece y alcanza a la luz. A medida que nos alzamos, nos jalamos a nosotros mismos de la frecuencia baja de la materia hacia los dominios más altos, mas refinados. A medida que nos hacemos concientes completamente, vamos a elevar a toda la materia a una frecuencia más alta, literalmente infundiendo a la materia con luz de vibraciones altas.

Esta es la razón del porque estamos aquí y el por que la luz entró a la materia. Nunca ha habido ninguna separación. La gente antigua de Mesoamérica y de Perú sabían quiénes eran ellos, creyendo que sus ancestros vinieron de las estrellas y que ellos eran niños de la luz. Nosotros nos olvidamos de quienes somos, durmiéndonos en la oscuridad y en los dominios potentes de la materia. Ahora, con el nacimiento del sexto sol, estamos empezando a despertarnos colectivamente. Los niños de la luz están regresando.

6

LAS BIBLIOTECAS
DE LA ANTIGÜEDAD

Hay muchas herramientas a la disposición para ayudarles a las semillas
de dios humanas a despertarse, y unas de las más importantes son los
sitios sagrados de alrededor del mundo.

Cuando le preguntaron acerca de los sitios sagrados de poder, el H. H.
Dalai Lama indicó que un lugar se hace sagrado por el poder individual
del practicante espiritual que vive allí, que el poder del espíritu de un
individuo "carga" al lugar. El residuo de la energía de un sitio sagrado
entonces puede cargar a cualquiera que visita al sitio.[1] Cualquiera que
haya visitado a un sitio sagrado puede verificar la validez de la declaración del H. H. Dalai Lama.

Hay lugares sagrados por todo el mundo. Stonehenge, la Meca, Iona,
Haleakala, el Ganges, Delfos, Palenque, Jerusalén, las pirámides egipcias,
Chartres, El Cañon de Chaco, Teotihuacán, y Machu Picchu son unos
pocos, y la gente están visitando tales sitios en números increíbles. Por
ejemplo, de acuerdo con la Junta Turística Inglesa, más del 70 por ciento
de la gente que visitan a Inglaterra vienen expresamente a visitar a las

catedrales, los santuarios y los sitios sagrados que salpican a la campiña.[2] Cada año mas de medio millón de gente viaja al paisaje desolado de Australia para visitar a la Roca de Ayres (otro lugar sagrado).

UNA RED DE SITIOS SAGRADOS

No hay duda que individuos pueden, así como el H. H. Dalai Lama sugiere, cargar el espacio físico con energía de vibración alta, y que los sitios sagrados son lugares profundamente espirituales. Sin embargo, hay también características físicas asociadas con los sitios sagrados. Se cree que muchos de los sitios sagrados en éste planeta están conectados por una cuadrícula casi invisible de líneas astronómicas y geométricas. Los científicos rusos han descubierto evidencia de un patrón tenue de líneas magnéticas dándole vuelta a nuestro planeta que dibujan la forma de un dodecaedro (una figura de 12 lados) impuesto sobre un icosaedro (una figura de 20 lados).[3] Unos investigadores han especulado que esta es una evidencia de que el planeta fue una vez un gran cristal o que estaba vigorizado de alguna manera por un centro cristalino.[4] Los científicos que están estudiando a este fenómeno han descubierto que las ubicaciones de las civilizaciones más antiguas y sus sitios sagrados están ubicadas a lo largo de las líneas magnéticas de este icosaedro planetario.[5]

Mapas meteorológicos y geológicos han establecido que las áreas de la presión atmosférica máxima y la mínima son encontradas precisamente en los nudos del dodecaedro. Estos nudos son las áreas en donde se originan los huracanes y en donde los océanos tienen vórtices enormes de corrientes. Fallas del centro al igual que características raras así como las del Triangulo de las Bermudas también ocurren en los nudos.[6] Rudolph Steiner, el fundador de un campo de estudios llamado antroposofía, ha dicho que como una entidad viviente la Tierra tomaría energéticamente la forma de un dodecaedro-icosaedro,[7] una declaración que correlaciona con los descubrimientos de Buckminster Fuller.[8] Otro ruso, Vitaly Kabachenko, quién estudio mapas de la Tierra tomados desde el espacio, descubrió que éstos enseñaban una cuadrícula casi invisible como rayas negras en el suelo del océano y en el cielo.[9] Otros, incluyendo Aimee

Michell, una escritora francesa que ha escrito acerca del fenómeno de los OVNI, han dicho que los sentados de los OVNI tienden a ocurrir a lo largo de líneas magnéticas similares que también forman una cuadrícula planetaria.[10] Además, números crecientes de gente creen que la Tierra es un organismo viviente y que su cuerpo está cruzado por *ley,* líneas (de energía) que funcionan así como los meridianos que se encuentran en el cuerpo humano usados por la acupuntura. Podría ser apropiado el pensar de tal cuadrícula como el cuerpo de energía de la Tierra.

Ha habido tanta especulación acerca de los orígenes de tales cuadriculas. Después de estudiar la evidencia encontrada en muchos de los mapas antiguos, el geomántico y autor John Michell concluyó que en nuestra pre-historia alguien o un grupo, hicieron un mapa exacto del mundo entero y trazaron una red de líneas astronómicas y geométricas que cruzan al planeta entero. De acuerdo con Michell, muchos de los sitios sagrados están ubicados en estas líneas, incluyendo los sitios hechos de bloques enormes de piedras que funcionan como instrumentos astrológicos masivos. El ha concluido que los antecesores humanos que construyeron estos sitios tenían que haber tenido tecnologías avanzadas y "poderes extraordinarios."[11]

No es sorprendente que, Teotihuacán y muchos de los otros sitios antiguos de Mesoamérica y Perú son encontrados a lo largo de éstas cuadriculas. Aparentemente, basados en sus experiencias, los antiguos de estas regiones y de otros lugares creían que las líneas de energía planetarias tenían poderes relacionados con sanaciones y con la expansión de la conciencia.

LOS ASPECTOS DEL ESPACIO SAGRADO

Hay numerosas teorías acerca del espacio sagrado. Sig Lowgren, un buscador de varita que ha estudiado a muchos sitios sagrados de alrededor del mundo, cree que la mayoría de estos sitios sagrados estaban ubicados y diseñados para aumentar el contacto con los dominios espirituales. Él ha sugerido que a través del uso de la geometría sagrada un espacio físico que tiene las características apropiadas actualmente podría ser afinado como un instrumento musical para que pudiera resonar a una frecuencia especifica. Después de buscar con la varita en varios sitios sagrados, él ha descubierto que la mayoría de éstos son lugares en donde convergen las energías del yin y del yang dentro de la tierra. El yin, la energía receptiva femenina, se encuentra en donde hay cúpulas y venas de agua subterránea, mientras que el yang, o la fuerza masculina, esta acarriado por rayos directos de energía o lineas *ley*.[12]

Sabemos que cierta gente (los buscadores de varita) tienen la habilidad de detectar agua subterránea y a fuerzas magnéticas y telúricas. En las regiones en donde el agua es escasa, el uso de la varita de buscar es una practica común y relativamente segura. Las investigaciones han demostrado que las varitas responden a las cargas electroestáticas y a los cambios en la pendiente electromagnética encima del suelo. Las cargas son causadas por las corrientes eléctricas del flujo del agua subterránea. Las investigaciones posteriores han demostrado que los sensores magnéticos en el cuerpo humano están ubicados en la glándula pineal,[13] lo que implica que teoréticamente, todo el mundo tiene la habilidad de detectar tales corrientes.

Lowgren ha descubierto que las energías que se pueden medir en los sitios sagrados varían durante el calendario anual. Sabemos que muchos de nuestros sitios antiguos fueron diseñados para ser usados en los solsticios, equinoccios y otras fechas específicas. Por ejemplo, Stonehenge esta asociado con la salida del sol del solsticio de verano. La Newgrange está asociada con la salida del sol del solsticio de invierno. El tiempo más poderoso para estar en la Pirámide del Sol en Teotihuacán es al mediodía. Pocas cosas podrían ser tan dramáticas como el efecto espectacular causado por la luz del sol iluminando a la chakra de la corona de Wiraccocha en el solsticio de Ollantaytambo o en el del sol del solsticio cuando está penetrando la puerta del sol en Machu Picchu.

Lowgren también descubrió que cuando una línea de energía *ley* se alínea con la salida o la puesta del sol, la línea *ley* actualmente se hace más potente. Después de medir a la energía presente durante tales alineaciones criticas, él pudo determinar que en estos tiempos las alineaciones de energía aumentan la energía disponible en un centro de poder. Está claro que los diseñadores de tales lugares sagrados estaban concientes de éstas dinámicas de energía especial, y que los sitios fueron diseñados para maximizar la intensificaciones de las energías diarias y de las estaciones del año.[14]

Los sitios para los rituales también utilizan a la geometría sagrada —la geometría encontrada en la naturaleza y que consiste en los juegos de correspondencia, expresados geométricamente por proporciones. Paul Devereux, el editor de la revista *Ley Hunter* [El cazador de ley] y el director del Dragon Project [Proyecto Dragón] que estudió los efectos de energía de los sitios sagrados, expone que lo sagrado, o la geometría canónica no es una invención oscura, arcaica sino que una extrapolación hecha por la humanidad de los patrones en la naturaleza que enmarcan la entrada de la energía a nuestra dimensión del espacio/tiempo. Esta es la geometría encontrada en la formación de la materia al nivel subatómico, en el movimiento natural del fenómeno astrológico del universo, and en las formas de vida orgánicas de las plantas. En breve, la geometría sagrada nos demuestra la copia de plano de toda la creación.[15]

Codificadas en muchos sitios están las proporciones de la geometría sagrada de la creación, que reflejan a la ley antigua de la correspondencia —así arriba, tal abajo. Por medio de los principios de la geometría sagrada, los sitios antiguos funcionaron como herramientas para la integración de las diferentes dimensiones, accediendo a los espectros de las varias frecuencias encontradas en el universo.

Por ejemplo, todo el Valle Sagrado de los incas es una obra maestra de geometría sagrada. Y la arquitectura espectacular de los mayas antiguos y los olmecas, que fué usada para las iniciaciones y para los rituales extáticos, estaba entrelazada con las entradas energéticas de las dimensiones superiores. Ambas gentes de esas regiones personificaban y representaban a los principios de la correspondencia sagrada.

Además, existen otros aspectos de correspondencia que pueden ser pertinentes a los sitios sagrados, tal como el principio de la resonancia armónica. Cuando dos objetos resuenan en un estado armónico, la energía es intercambiada entre entre ellos, lo que puede ser pertinente a las dinámicas de energía que existen en algunos de los lugares sagrados de nuestros planeta. La correspondencia puede ser una función de la forma, así como en la geometría sagrada, ésta también puede ser una función de la vibración, así como en la resonancia armónica.

Investigaciones conducidas en los sitios sagrados también han demostrado que los sitios mismos con frecuencia contienen una cantidad rara de radioactividad natural y de anomalías magnéticas. Cuando los miembros del Dragon Project [Proyecto Dragón] estudiaron extensivamente a los sitios antiguos en las Islas Británicas, ellos descubrieron que ciertos sitios tenían anomalías magnéticas, mientras que otros sitios tenían rocas radioactivas.[16] Aunque la investigación de tales sitios ha sido inconclusa, estos sin embargo continúan siendo de interés para los investigadores porque mucha gente reportan el haber tenido experiencias raras en tales lugares. No está fuera de lo común para los visitantes el experimentar sentimientos transcendentales, visiones, entendimientos, y ocurrencias paranormales —todas éstas son razones del porqué estos lugares son buscados por tanta gente.[17]

TEOTIHUACÁN Y LA VELOCIDAD DE LA LUZ

Los sitios sagrados de nuestro mundo comparten una característica fundamental —estos son lugares en donde el espíritu se comunica. Para algunos esa comunicación toma la forma de una conciencia realzada, mientras que otros experimentan imágenes de arquetipos o estados alterados —todos encuentros con lo divino.

Virtualmente todos los centros ceremoniales en Mesoamérica y Perú —incluyendo Teotihuacán, Machu Picchu, Palenque y Monte Albán— fueron construidos con el propósito explicito de comunicación divina aunque no sabemos los detalles específicos de cómo estos sitios eran usados o su propósito en el contexto del mundo mayor. Tal vez, así como John Michell sugiere, ellos son parte de un complejo más grande de estructuras que circulan al planeta, un tipo de diapasón que fue construido por seres divinos deliberadamente, o que tal vez, se alzó independientemente de un impulso colectivo. Cualquiera que fuera el origen de los sitios sagrados, está claro que sus constructores sabían mucho más que nosotros acerca de las características sutiles de la energía y que ellos tenían un conocimiento preciso de eventos astronómicos.

Muchas de las ruinas de la antigüedad como la Gran Pirámide y Stonehenge fueron diseñados como marcadores astronómicos y geodésicos que teoréticamente alinearon a nuestro mundo con el gran todo cósmico. En 1972, un ingeniero norteamericano, Hugo Harleston, Jr. empezó a estudiar las ruinas en Teotihuacán y encontró evidencia de que la Pirámide del Sol fue diseñada para funcionar como reloj del equinoccio así como la Gran Pirámide.[18] Él también descubrió evidencia que Teotihuacán, Palenque, la Gran Pirámide, y el Templo de Salomón todos estaban basados en el mismo sistema de números sagrados. Es más, él encontró que el complejo entero de Teotihuacán fué diseñado como un sistema calendario masivo que sus constructores no solo tenían el conocimiento de π (pi) sino que también de muchas otras relaciones matemáticas abstractas que son las bases del universo. Por medio de las medidas exactas de los ángulos en el sitio, Harleston demostró que las constantes universales que el resto del mundo no descubrió hasta siglos mas tarde, incluyendo la velocidad de la luz, fueron incorporadas en el diseño de Teotihuacán.[19]

La velocidad de la luz, que fue medida primero por el físico Francés Claus Roemer en 1849, y que más tarde fue refinada por Jean Foucault en siendo 186,282 millas por segundo, permanece constante bajo de todas las condiciones. Aunque ustedes se estuvieran moviendo a una velocidad increíble hacia la fuente de la luz, todavía le tomara la misma cantidad de tiempo a la luz para alcanzarles así como cuando están inmóviles. Para explicar a esta anomalía aparente, Einstein desarrolló la Teoría de la Relatividad, la cúal expone que el tiempo y la distancia actualmente se cambian para acomodar a la constante universal, la velocidad de la luz. De verdad que es desconcertante cómo los antiguos pudieron haber sabido algo tan abstracto como ésto. Ellos obviamente ya sea que estaban mas avanzados científicamente de lo que nosotros lo imaginamos, o que ellos tenían habilidades inexplicables, posiblemente la capacidad de percibir en una forma holográfica. Ellos también pudieron haber tenido acceso al conocimiento sagrado que ellos percibían de una manera más allá de los límites de nuestro cinco sentidos.

Otra pregunta intrigante es el porque ellos pudieron haber codificado información abstracta tal como la velocidad de la luz en su arquitectura. Una posibilidad es que ellos lo hicieron para mostrarles a los descendientes posteriores quiénes eran ellos, habiéndose dado cuenta que las civilizaciones avanzadas del futuro tendrían el conocimiento de las constantes universales. Tal vez ellos dejaron pistas acerca de estas constantes para ayudarnos a despertar a nuestra historia cósmica.

En cualquier caso, ellos dejaron detrás estructuras megalíticas como Teotihuacán que incorporó información codificada. Y con su sistema calendario complejo y preciso, ellos pudieron prever ciclos de tiempo. Ellos pudieron haber previsto, por ejemplo, que un tiempo de gran oscuridad estaba por venir y que en un futuro cercano los vestigios de la semilla caerían más adentro de la materia. Tales pistas quizás podrían decirnos que los constructores de Teotihuacán eran una encarnación primitiva de los niños de la luz, los hijos del gran Elohim. Es totalmente posible que ellos dejaron codificado en piedra un relato de la historia sagrada de la luz, de las herramientas que les ayudarían a las generaciones futuras a determinar su legado.

LAS ENTRADAS DE LA FRECUENCIA ARMÓNICA

Don Miguel Ruiz llegó a su propia teoría de Teotihuacán, basado en la lectura de los relatos históricos dejados en la piedra misma. Ruiz viene de un linaje de *naguales* que puede ser trazado hasta los toltecas antiguos. Su abuelo le dijo que las ruinas tenían un gran poder y le advirtió que el no debería entrar a ellas hasta que estuviera listo. En 1988, él hizo su primera visita a Teotihuacán, en donde él fué inundado con memorias antiguas. Mientras él estaba sentado en la Pirámide del Sol, él fué capaz de ponerse en afinidad con la frecuencia de la piedra misma y ver con los ojos de su mente lo que había sido grabado energéticamente durante el tiempo en que la cultura de Teotihuacán estaba en su cenit. Por medio de una serie de visiones, don Miguel Ruiz vino a comprender de como Teotihuacán fué usada como una cámara de iniciaciones y de como era y que todavía es "el lugar en donde el hombre se convierte en dios." Él cree que el sitio mismo es un campo poderoso de energía cargada muy alta, en donde uno puede, a través de una serie de prácticas rituales, encontrar el camino a la divinidad, a la libertad.[20]

No hay duda que la energía realzada que se experimenta en esos sitios es perceptible y tangible. Ésta vibra a través de nuestro sistema de chakras y cuerpos de energía. Aunque las piedras que contienen esos sitios aparentan a la vista ser sólidas, sabemos que éstas son campos de energía y que toda la materia tiene frecuencia —por lo menos al nivel sub-atómico. Sabemos ahora que a un nivel sub-atómico lo que percibimos como materia tal vez puedan ser simplemente bandas de vibraciones atadas dentro de un campo, que aunque la mayoría de éstas frecuencias son demasiado mínimas para que nosotros podamos medirlas, éstas no son necesariamente tan pequeñas para que las podamos percibir.

Hasta hace recientemente nadie había sido capaz de medir la frecuencia del campo de energía humano. El primer individuo que lo pudo hacer fué Valerie Hunt, una terapista física y profesora de cinesiología en la UCLA, que descubrió que un electromiógrafo, usado para medir la actividad eléctrica de los músculos, tambien podía medir el campo de energía humano. Ella descubrió que la frecuencia media en el cuerpo humano es de entre 0 a 30 ciclos por segundo (cps), mientras que la actividad eléctrica en el cerebro es de entre 0 a 100 cps, y que la frecuencia muscular puede aumentar hasta 225 cps. Interesantemente, ella también descubrió que otro campo de frecuencia emana del cuerpo con frecuencias que son bastante altas, generalmente variando entre 100 y 1600 cps. Éste campo es más intenso en las partes del cuerpo que están asociadas con las chakras.

Uno de los aspectos más fascinantes de los descubrimientos de Hunt, es que las frecuencias asociadas con la conciencia de las personas pueden ser medidas. Ella descubrió que los individuos que enfocan su atención y energía ante todo en el mundo material, tienen frecuencias que varían entre más o menos 250 cps, no tan lejanas del rango del cuerpo físico mismo, mientras que la gente que son consistentemente psíquicas demuestran frecuencias desde entre los 400 a los 800 cps. Hunt considera que esos que tienen frecuencias de más de 900 cps son personalidades místicas. Usando un electromiograma modificado que puede detectar frecuencias altas, Hunt declara el haber medido frecuencias de hasta 200,000 cps en los campos de energía de algunos individuos.[21]

Cuando la energía de un espacio es "cargada" por un individuo de alta frecuencia, así como sugiere el H. H. Dalai Lama, la frecuencia del campo mismo de energía alcanza una vibración muy alta. Hay muchos de esos lugares "cargados," incluyendo las cavernas de Arunacula y los ashrams de los grandes santos de la India, el Templo de Wiraccocha, Machu Picchu, El Palacio de las Inscripciones de Palenque, el Palacio de las Mariposas en Teotihuacán, y las tumbas sagradas de por todo el mundo.

El concepto de la resonancia armónica nos dice que la energía puede ser intercambiada entre dos objetos que están en una relación. Sabemos que la energía, asi como las ondas de radio y otras formas de radiación de luz pueden portar información. Por lo tanto, las ruinas así como las de Teotihuacán pueden funcionar como bibliotecas las cuales, cuando son abiertas energéticamente, revelan sus secretos a los individuos cuyas conciencias son receptivas. Tal vez don Miguel Ruiz fué capaz de percibir la información codificada en Teotihuacán porque su cuerpo de energía estaba en resonancia armónica con la frecuencia de Teotihuacán.

LOS SITIOS SAGRADOS Y LOS ESTADOS ALTERADOS

Paul Devereux el director del Dragon Project [Proyecto Dragón] sugiere que los sitios sagrados no fueron planeados para ser usados en un estado normal de conciencia sino que en estados alterados, los que pueden ser inducidos de muchas formas, así como tocando tambores, en rituales, y en soñando, así como también por medio de las drogas que alteran la mente.[22] Además, los campos de energías de los mismos sitios con frecuencia fomentan tales estados o cambios de percepción. En la tradición de los *naguales,* tales estados pueden ocurrir siguiendo el proceso de "parar el diálogo interno." No podemos empezar a acceder a las vibraciones más sutiles en nuestro ambiente hasta que nuestras habilidades receptivas no estén enfocadas y que nuestra mente esté vacía del parloteo y de las opiniones prejuiciosas que son aspectos comunes de nuestra conciencia ordinaria. Así que a los lugares sagrados se debe entrar en un estado de calma interior y de receptividad que no sea de criticar, para facilitar la comunicación con las energías que estan presentes. Si habemos desarrollado una conciencia enfocada, vamos a ser capaces de ampliar nuestras habilidades preceptúales.

La gente que ha experimentado el haber tenido un cambio en su atención a través de la energía de un lugar sagrado, con frecuencia describen el haber estado resonando en una frecuencia más alta y haber experimentado un estado de conciencia realzada. Cambie las perspectivas y se hace más transpersonal. La tradición *nagual* llama a esto el "haber cambiado a su punto de ensambladura." Desde esta perspectiva "cambiada", el mundo no consiste de la materia o de objetos separados, sino en vez, todo es percibido como campos de energía que se agrupan en bandas diferentes, algo no tan diferente a los descubrimientos de la física nueva. Don Juan Mateus, el maestro de Carlos Castaneda, dijo que hay algo así como 48 bandas de energía en nuestro universo de las cuales siete pueden ser perceptibles, pero sólo dos pueden ser percibidas a través de la percepción ordinaria. Dentro de una banda indicada solo ciertas emanaciones, o frecuencias, están alineadas en un tiempo indicado. Éste alineamiento es la base de nuestra percepción. Nuestro punto de ensambladura determina cuales emanaciones están alineadas en un momento indicado de percepción. Un cambio en el punto de ensambladura va a resultar en un alineamiento dentro de la banda de emanaciones que no está percibida normalmente.[23]

En el sistema *nagual* de percepción popularizado por Carlos Castaneda, hay tres formas de atención o tres niveles de conciencia, determinados por el como son seleccionadas las emanaciones de energía que le dan la orden a la percepción. La primera atención, que es la que está acondicionada culturalmente, le ordena al campo de percepción en donde toman lugar nuestras vidas ordinarias, el mundo conocido al que percibimos con los cinco sentidos. La segunda atención le ordena al mundo de lo desconocido. La tercera atención integra a las dos primeras atenciones, permitiéndonos el acceder eso que de otra forma es lo inconocible.[24]

Los campos de energía que nos rodean están organizados selectivamente por la primera atención. Esto hace que nuestra realidad sea generalmente consistente y previsible. La implicación de este nivel selectivo impuesto de organización es que nuestra realidad es realmente consensual (algo en que todos estamos de acuerdo). Si esta estructura interna es de alguna forma interrumpida, nuestra percepción del mundo "se derrumba" y nuestro "mundo se para."[25]

El comprendimiento *nagual* de las atenciones ha sido confirmado por investigaciones neurofisiológicas. Estas investigaciones han demostrado que la información visual percibida por nuestros ojos es primero enviada a nuestro lóbulo temporal, en donde es editada, y la versión editada es recibida por la corteza visual. Algunos estudios indican que menos de la mitad de lo que "vemos" está basado en la información que ha entrado actualmente por nuestros ojos, lo que quiere decir que el cerebro junta la mayoría de la percepción desde nuestras expectativas de como debería parecer el mundo, basado en nuestras experiencias pasadas, filtrando el resto.[26] Cuando somos capaces de cambiarnos a un estado de percepción alterado, o de "parar al mundo," pueda que sea posible el evadir a éste mecanismo de filtración.

Sin tener en cuenta a los mecanismos que determinan nuestra percepción, los individuos con frecuencia experimentan aspectos de una realidad no ordinaria cuando estos visitan a los lugares sagrados, algo que ha sido bien documentado por muchas gentes, incluyendo al autor James Swan. Swan reporta que no es raro que la gente experimente éxtasis, visiones de seres mitológicos, sentimientos de unidad con la naturaleza, sueños vívidos, comunicación entre especies, el escuchar voces, muerte y renacimiento, y estados sobrenaturales similares.[27] Es totalmente posible que las codificaciones imprimidas en los sitios sagrados cambien automáticamente los puntos de ensambladura de la gente que están en el sitio.

COMPRENDIENDO A LA CORRESPONDENCIA SAGRADA

Sabemos que la gente de Mesoamérica y de Perú construyeron y usaron los sitios sagrados ante todo con fines ceremoniales. Como hemos visto, hay evidencia considerable de que éstos fueron construidos paral despertar a los estados superiores de conciencia y para crear oportunidades para comunicación divina. Despues del florecimiento, las áreas ceremoniales de estas regiones fueron abandonadas. Antes de abandonar a estos sitios, es probable que nuestros antecesores sellaron a propósito energéticamente ciertas de las características que eran criticas de los sitios, como una forma de protección. Como ellos sabían que un tiempo de oscuridad estaba por venir, ellos tal vez se dieron cuenta que a medida que la semilla de dios humana descendía mas adentro del mundo de la materia, estos perderían la habilidad de funcionar en las dimensiones superiores, y por lo tanto ellos cerraron con llave los portales dentro de estas bibliotecas sagradas de la conciencia divina. Ellos probablemente sabían que el poder oculto dentro de estos mismos sitios sagrados ayudaría a catalizar el despertar futuro de la semilla.

Hay una formula antigua pero simple para acceder a este poder oculto, una clave bien conocida por los constructores —la ley de la correspondencia sagrada, el principio de "así arriba, tal debajo." Básicamente, el poder de estos sitios puede ser accedido en cualquier momento cuando la luz que brilla desde abajo es igual a la luz que brilla desde arriba. En nuestro espacio/tiempo, ésto quiere decir que para acceder a éste poder nuestra propia luz personal debe reflejar la luz superior, nuestra frecuencia debe resonar con una armonía superior, asegurando de ésta manera que el acceso a tal poder no es dado nunca a esos que no están preparados espiritualmente.

En este contexto, es importante el recordar que todas las cosas vivientes emiten luz. Normalmente nosotros no percibimos a ésta luz porque está más allá de nuestro espectro y está filtrada por el cerebro. Fritz Albert Popp, el científico alemán que descubrió a éste efecto, cree que el ADN es la fuente de ésta luz, que varía de entre la ultravioleta hasta la infrarroja.[28] Las enseñanzas Orientales nos dicen que la luz viviente está codificada en nuestra forma. El concepto antiguo del macrocosmo así como el microcosmo tambien nos dice que la vida divina más grande (la luz) está reflejada en el cuerpo humano. Expresado en otra forma, ésto quiere decir que el Adán Kadmón, el humano espiritual creado "en la ímagen y la semejanza" de los Elohim, tiene codificado dentro de sí a una copia de plano divina. Por medio del conocimiento de la ciencia de la vibración, podemos aprender a abrir a estos misterios con la llave. Así es como el Adán Kadmón (el cuerpo de luz) se despliega desde la orden implicada.

Los maestros don Miguel Ruiz, Juan Núñez del Prado, y Alberto Villoldo, todos quienes trabajan con las energías de los sitios antiguos, les ayudan a los aprendices a purificar a sus cuerpos de luz (sus campos de energía) para que ellos puedan acceder a los campos de luz superiores. Ellos comprenden que es el cuerpo físico el que debe ser afinado a las vibraciones altas de luz. Todos ellos enseñan varios procesos para alinear al cuerpo humano con las energías vibratorias altas para proveer el acceso a los mundos superiores.

Juan Núñez del Prado les enseña a sus estudiantes a hacerse concientes de las características sutiles de la energía, para poder sentir las cualidades vibratorias altas y bajas. Él usa el poder inherente de los sitios incas antiguos para ayudar a sus estudiantes a limpiar y reforzar a sus cuerpos de luz y les enseña a como trabajar energéticamente con tal poder, jalando para dentro a las energías vibratorias altas y soltando a las energías densas. Él considera a los sitios antiguos como aperturas energéticas al mundo de las energías refinadas.[29]

En sus libros, Villoldo describe los métodos que sus maestros Antonio Morales y Eduardo Calderón, usaron para trabajar con él en Machu Picchu y otros sitios para despertarlo a los poderes chamánicos y espirituales. Él incorpora esos métodos a la Rueda de Medicina inca que el enseña.

Don Miguel Ruiz usa el poder de Teotihuacán y de otros sitios mesoamericanos y peruanos para ayudarle a sus aprendices a mover sus puntos de ensambladura que despierten del "sueño" de la realidad ordinaria, la primera atención. Por medio de la práctica *nagual* del acecho, él les enseña a sus aprendices a limpiar sus cuerpos energético de los escombros emocionales y de los patrones que ya no les sirven. Otra práctica *nagual* enseñada por don Miguel Ruiz es el ensueño, la práctica de explorar la realidad que no es ordinaria. Este proceso no usa el pensamiento racional, cognitivo sino que usa el potencial pleno de la imaginación para romper la atadura de la mente racional de nuestro proceso de pensar —permitiéndole un espectro más amplio de la realidad y cambiando a nuestra vibración.

LA ELEVACIÓN DE LA CONCIENCIA COLECTIVA

Estamos llegando a un tiempo sin precedentes en el desarrollo de la conciencia humana cuando el sexto sol catalizará a una evolución humana nueva. Nunca ha sido tan importante para nosotros el despertar a nuestro origen cósmico. Necesitamos desesperadamente el escapar de la caja que limita la percepción que tenemos de nuestro potencial. Nuestras actitudes estrechas, nuestras limitaciones sensoriales, nuestros miedos de lo desconocido, y nuestro olvido ya nos han atrapado por demasiado tiempo. Afortunadamente, las bibliotecas de la antigüedad que nos dejaron nuestros antepasados nos ofrecen una forma de recordar quienes somos. Cuando nos acercamos a éstas bibliotecas con receptividad y en un espíritu de gratitud, ellas nos revelaran sus secretos.

Así como lo hemos discutido, es posible que los sitios antiguos ceremoniales fueron parte de una cuadrícula gigante de energía que rodea al planeta. Sabemos que éstas fueron construidas por individuos que eran sumamente avanzados, tal vez los Elohim, quienes tenían una conciencia galáctica que nosotros apenas empezamos a comprender.

Si ésta cuadrícula existe, ¿qué es lo que pasará cuando ésta sea activada? José Argüelles nos dice que estamos ahora en el tiempo de gran sincronización galáctica que resultará en la animación y la transformación de la materia. Basada en el calendario maya, ésta trasformación coincide con el Baktun 12, que empezó en el 1618 y va a terminar en el 2012.

Además, él cree que las varias emisiones de energía nuclear desde el 1945, han afectado a la estructura vibratoria de la misma Tierra. Para compensar a este cambio vibratorio, el predice que el centro cristalino de la Tierra hará un ajuste en la forma de una serie de ondas hasta que un nivel nuevo de resonancia armónica sea alcanzado, resultando en un cambio vibratorio en el cuerpo mismo de luz planetaria.[30] Argüelles explica que éste es nuestro destino galáctico, parte del desarrollo de un cuerpo de luz planetario de conciencia plena.

> Aqui está el cuadro de lo que ha estado pasando. Lentamente, por los eónes, en el centro de la Tierra, la calamita de cristal de hierro de su [de la Tierra] giroscopio armónico ha estado emitiendo las frecuencias resonantes que la mantienen en órbita. Estas frecuencias resonantes tienen un molde o una forma particular, porque la forma sigue a la frecuencia. Ésta es la razón del porque Platón describió a la Tierra como si fuera como una pelota de cuero cosida de doce piezas diferentes, creando a un dodecaedro o doce pentágonos inter-conectados. Los vértices entre las piezas pentagonales definen a la estructura del cuerpo resonante de la Tierra a medida que las emisio-nes de frecuencia llegan a la superficie.
>
> A medida que la resonancia del centro continuamente emana afuera a la superficie la tierra y a más allá de ésta, se forma un cuadrícula éterica, formando la fundación del cuerpo de luz plane-taria. Afinado a través de los patrones de frecuencia de la infrae-structura del ADN, los patrones de migración de los animales y de los asentamientos humana tienden a ajustarse a las líneas y a los puntos de los nudos de la cuadrícula. Por supuesto, la cuadrícula es distorsionada y re-moldeador la actividad de los placas tectónicas; los cambios variables en el terreno y en la atmósfera, y las fluctuacio-nes solares-galácticas impulsadas en el campo electromagnético del planeta mismo. No obstante, anclado a los polos, amplificadas por tiempos por (por nosotros) cambios imprevistos e imperceptibles en el programa galáctico, el pulso continuo de la cuadrícula lentamente moldea a la infraestructura del cuerpo de luz planetario.[31]

Para contrarrestar al efecto del aumento de la tecnología y al impulso hacia el materialismo, la frecuencia resonante del centro de la Tierra se ha intensificado, un fenómeno que, así como Argüelles lo explica, es parte de la sincronización de la frecuencia de la Tierra con el todo galác-tico más grande.

Lo que ésto puede parecer desde una perspectiva humana es un cambio gradual en la conciencia hacia el comprendimiento de una visión del mundo nueva. Ésta visión del mundo nueva hará evidente que el mundo en que vivimos es una entidad viva, y que es parte de un todo más grande. Vamos a poder percibir que toda la materia es energía, que somos como ondas, que estamos en constante comunicación con el todo. A través de este cambio en conciencia, empezaremos a funcionar como seres multi-dimensionales, y nos vamos a dar cuenta de que tenemos potenciales más allá de lo que todavía hayamos soñado, agregando nuestra vibración realzada de luz a la de la Tierra misma.

A medida que estos potenciales humanos nuevos empiecen a desplegarse vamos a comprender totalmente que en verdad somos semillas de dios. Como semillas de dios tenemos el poder de la intención conciente. Podemos aprender a traer al potencial a una forma. Nuestro ADN está programado especialmente, está codificado con patrones que son sensitivos a la luz que desplegaran a los humanos nuevos en los que estamos evolucionando. Este humano nuevo es un ser de luz, capaz de funcionar con un cuerpo de luz totalmente activado.

Para poder abrir con llave los potenciales de nuestro ADN, necesitamos empezar a percibirnos a nosotros mismos como seres de luz y a comprender el como usar la intención conciente. Desde éste punto de vista de una conciencia superior, somos semejantes a los electrones de nuestras propias moléculas, que exponen su potencial cuando los percibimos como ondas o como partículas.

A medida que empezamos a desarrollar nuestros potenciales como semillas de dios humanas, vamos a cumplir profecías del regreso de la luz. Los espíritus de Quetzalcoatl, del Cristo, del Pahana, del Gran Hermano Blanco, de Los Iluminados, del Inca Capac regresarán y van a caminar otra vez entre nosotros. Los bordes de la caja negra de la percepción limitada y del potencial limitado se disolverán. Las perspectivas newtonianas-cartesianas que moldean a nuestra visión del mundo corriente serán relegadas a un papel más apropiado, continuando en ser herramientas importantes en la definición de la realidad ordinaria pero ya no limitarán más a nuestra percepción de las realidades que no son ordinarias a las cuales tenemos acceso. Con el tiempo, nuestra sobre-dependencia en éstos conceptos tal vez será vista como un poquito más que una aberración extraña que ocurrió brevemente dentro de la historia humana.

Mucha gente creen que la activación de la cuadrícula, el cuerpo de luz planetario, ya está ocurriendo, despertando a nuestros potenciales. A medida que despertamos individualmente a la luz dentro de la forma humana, la luz dentro de la forma planetaria se está despertando simultáneamente. Ésto está ocurriendo porque dentro del todo más grande, un patrón nuevo está emergiendo —el universo es holográfico.

La ciencia nos ha dicho por tiempos que una de las reglas del universo es que todas las cosas tienden a irse a un estado más grande de desorden. Sin embargo, el químico Ilya Prigogine, recibió un Premio Nóbel por aclarar el misterio de "las estructuras disipadoras" que indican que, al contrario, del desorden aparente, de repente pueden aparecer unos sistemas que son nuevos y más complejos. El cree que éstas capas de complejidad están siempre allí, implícitas en el orden superior del universo mismo.[32] Parece claro que una estructura nueva se está desplegando en ambos tanto dentro del psique planetario como del humano. Éste nivel nuevo de complejidad nos dará una perspectiva radicalmente nueva de nosotros en relación con el todo.

Los grandes y antiguos centros ceremoniales que rodean a nuestro planeta pueden ser herramientas en el servicio del alineamiento nuevo. Alguna gente creen que estos centros fueron construidos por maestros constructores específicamente para que nos ayuden a alinearnos con la nueva orden superior de ser. Las profecías andinas nos dicen que el sexto nivel de conciencia emergerá cuando nosotros regresemos al nivel vibratorio que todavía está mantenido en los centros ceremoniales antiguos así como el Templo de Wiraccocha. La conciencia nueva emergerá cuando nosotros como una comunidad humana colectiva alineemos a nuestra vibración con la vibración alta que se está despertando dentro del campo de luz planetaria. Las entradas a la conciencia divina, las puertas antiguas, que son en actualidad el nivel próximo de la orden implicada, se abrirán cuando "la luz que viene de abajo es igual a la luz que viene de arriba."

7

ENTRANDO A LA LUZ ANGELICAL

Amanumuru es un hombre dios legendario peruano que un dia caminó a través de una puerta antigua y regresó a su hogar celestial. Se dice que, así como Wiraccocha, él regresó al océano de donde vino. En Quechua *amanu* quiere decir una energía viviente como una serpiente. El eminente esotericista Manly B. Hall ha comparado al legendario Amanumuru del Perú con Quetzalcoatl de Mesoamérica, señalando que Amarcuca se traduce como "la tierra de la serpiente emplumada." Además, él insinúa que Amarcuca es el origen de la palabra *América*. Hall cree que en una historia antigua de las américas el sacerdote de éste "dios de la paz" gobernó a ambos hemisferios de este mundo.[1]

EL SOL CENTRAL Y LA HISTORIA DEL DISCO DORADO

De acuerdo con la leyenda, cuando Amanumuru vino a este mundo, el trajo consigo el famoso disco dorado, que colgaba en el gran Templo del

Sol en Cuzco antes del deterioro de los incas. Ahora todavía es posible el ver los hoyos a través de los cuales pasaron las cuerdas que detenían al disco en el Convento de Santo Domingo, el cual se sabe que fué construido encima del Templo del Sol. El disco se dice que había permanecido en el Templo del Sol hasta que llegó la noticia del desembarcó de Pizarro. Entonces fué retirado y escondido en el Lago Titicaca. La profecía dice que un día el disco dorado será regresado al Templo del Sol.

Se dice que el disco había originado afuera de éste espacio/tiempo y que había sido traído de Lemuria, la Tierra de Mu, con Amanumuru cuando el se escapó del continente que se estaba hundiendo. Cualquiera que sea su origen, el disco no es una representación de nuestro sol solar sino del gran sol central, la fuerza creativa que los antiguos llamaban la Madre Sol. Se ha dicho que a través de ciertas vibraciones el disco podía causar grandes terremotos e inclusive cambiar la rotación de la Tierra misma. Es más, supuestamente éste se podía afinar al patrón de frecuencia de una persona y transportar a esa persona a donde él quisiera ir, nada más por la imagen mental que él creaba.[2]

Además de los poderes aparentes del disco histórico, éste también es una metáfora del potencial de la conciencia superior. Existe un disco dorado dentro de cada uno de nosotros. Nosotros no sólo estamos iluminados por el sol externo, sino que también estamos iluminados por la luz que brilla desde el interior.

La luz externa que llena a nuestro mundo viene del sol, el centro de nuestro sistema solar. Nuestro sol es una estrella amarilla de tamaño promedio que está a la periferia de la Vía Láctea, allí por 93 millones de millas de distancia y millones de veces más grande que la tierra. Cada segundo, nuestro sol transforma 4 millones de toneladas de masa a luz, un fenómeno que es, así como el cosmólogo Brian Swimme dice, es el significado cosmológico del sacrificio.[3] Éste regalo de luz entonces es convertido en las plantas por la fotosíntesis, y nosotros y todas las otras formas de vida en el planeta somos alimentados por la energía del sol —nosotros somos literalmente la energía del sol.

La gente antigua de por todo el mundo creían que el sol, los planetas y el universo entero estaban vivos y que tenian una conciencia. Durante los eclipses, podemos observar que el sol tiene una corona, un aura, que se les ha parecido a los observadores como un par de alas, una flor de loto de cuatro pétalos, y una cruz de cuatro cámaras parecida a la caverna de cuatro cámaras descubierto en lo profundo del corazón de la Pirámide del Sol en Teotihuacán.[4]

El biólogo Rupert Sheldrake sugiere que en luz de las suposiciones de la ciencia moderna, la idea antigua de que el sol y otros cuerpos astronómicos están vivos pueda que tenga validez. El indica que la actividad mental humana y la conciencia están asociadas con los patrones electromagnéticos complejos en nuestros cerebros y que está bien establecido que el sol tambien exhibe patrones electromagnéticos sumamente complejos.[5] Los patrones electromagnéticos complejos del sol bien podrían ser las indicaciones de inteligencia y vida.

Sheldrake además sugiere que si el sol tiene un tipo de conciencia, las estrellas que componen a nuestra galaxia y las galaxias que componen el universo tambien podrían tener una conciencia.[6]

La mayoría de la gente cree que toda la luz en éste planeta y la vida que resulta viene de nuestro sol. Mientras que no hay duda que el sol nos da nuestras vidas físicas, la luz engendrante que alimenta a nuestra conciencia viene de un sol central. Ésta es la luz que trae la luminosidad a nuestros sueños y alimenta a las semillas de dios.

Mark Griffin, el director del centro Hard Light Meditation Center en Los Ángeles, les recuerda a sus estudiantes que es el Ser mismo el que es la fuente verdadera de la conciencia. El Ser mismo, que tiene la iluminación de un billón de soles, es el sol central. Nuestra mente conciente no es nada más que el reflejo de la luz de este gran sol omnipresente.

En este contexto, es interesante el recordar que nuestra galaxia misma también contiene un sol central, o un centro galáctico, el punto alrededor del cual parecen girar todas las estrellas de nuestra galaxia. Está casi a 23 años de luz de distancia de nosotros pero es invisible porque está oculto por capas de polvo cósmico. No existe ningún acuerdo entre los científicos acerca de qué es éste centro galáctico, aunque es estimado por unos que éste es 20 millones de veces más luminoso que nuestro sol. Todas las galaxias parecen tener objetos centrales, y mientras que algunos científicos creen que éstos son hoyos negros masivos, otros piensan que éstos son madres soles centrales que crean materia y energía continuamente.[7] Es asombroso que los mayas eran capaces de señalar al centro galáctico con tal precisión. Ellos lo conocían como su lugar de creación y de renacimiento espiritual.

A pesar de toda nuestra sofisticación científica, sabemos muy poco acerca del universo en que vivimos, y parece que entre más descubrimos acerca del universo externo, más grande es el misterio. Mientras que tal vez nunca podremos comprender a la naturaleza del sol central metafórico, la fuente de toda la conciencia, una cosa parece ser segura. Tenemos que re-examinar quienes somos. Es poco probable que descubramos a la luz interior o el sol central del cual ésta viene, mirando afuera de nosotros. Tampoco las expediciones exploratorias al Lago Titicaca van a encontrar el disco dorado sumergido.

Tenemos que cambiar radicalmente nuestra visión de nosotros mismos. Venimos de un legado de luz. Nuestra presencia aquí bajo la luz reflectora de un sol amarillo pequeño no se debe a un evento al azar que ocurrió hace eónes atrás en la sopa química primitiva a la orilla de uno de los océanos del planeta. Nosotros somos el resultado de un acto deliberado de creación. Alguna fuerza trajo a la luz a forma. Nos han dicho que nosotros fuimos creados "en la imagen y la semejanza de Dios." Como lo estamos aprendiendo, la evolución es un proceso continuo, y nosotros nos acabamos de dar cuenta de nuestra divinidad.

Los seres luminosos que nosotros conocemos como los Elohim fueron nuestros antepasados —los que parecían dioses que plantaron la semilla del humano espiritual en lo profundo de nuestras formas. Su luminosidad y sus poderes que son como los de dios estan codificados en nuestro ADN, y por lo tanto somos la semilla de unos grandes ángeles creativos.

EL ENGENDRO DIVINO COMO EL ESLABÓN PERDIDO DE LA EVOLUCIÓN

Existe un misterio profundo con respeto a las etapas del desarrollo humano, que parecen haber ocurrido en una serie de saltos que no se pueden explicar en términos de una progresión gradual a través del tiempo. Sabemos que saltos mayores inexplicables ocurrieron aproximadamente entre hace 50,000 a 35,000 años en la evolución de la conciencia humana —saltos que coinciden con las civilizaciones antiguas legendarias de Lemuria y Atlántida de la prehistoria y del mito. Fué más o menos por este tiempo que la evidencia de la conciencia humana empezó a aparecer, demostrada dramáticamente por sus trabajos de arte asombrosos descubiertos en las cavernas de Lacaux en Francia, que se cree que fué el trabajo del hombre Cro-Magnon.

La vida había estado evolucionando en este planeta por billones de años. Nuestros supuestos simios ancestrales aparecieron hace así como 25 millones de años. Entonces hace 2 millones de años, el ser bípedo que parecía simio, que parecía hombre, el Australopiteco apareció en el África. Hace unos 900,000 años más tarde apareció el hombre Neandertal quién sólo se distinguía marginalmente de sus predecesores a pesar del período grande de tiempo que había pasado.[8] Aunque él sí tenía una capacidad craneal significativamente más grande y era capaz de crear herramientas rudimentarias, no hay evidencia de que tenía un lenguaje o que había desarrollado una conciencia. Luego, extraordinariamente, hace unos meros de entre 50,000 a 35,000 años, nuestro proceso evolucionario hizo un salto sin precedentes cuando el *Homo sapiens sapiens,* el hombre Cro-Magnon, apareció de repente. El hombre Cro-Magnon se parecía a nosotros y actuaba como nosotros, construyó casas, enterró a sus muertos, y tenían lenguaje, arte y religión. Así como el autor Zecharia Sitchin lo expone dramáticamente en *The 12th Planet* [El 12avo planeta], la teoría evolucionaria no puede responder por este desarrollo evolucionario, que debió haber tomado millones de años más. El sugiere que *Homo sapiens sapiens,* pudo haber sido parte del mismo proceso evolucionario que llevó tan incrementalmente hasta el hombre Neandertal.[9] Mientras que el eslabón perdido de la evolución humana nunca ha encontrado por los arqueólogos, sí sabemos que de alguna manera, y de repente, una serie de saltos sin precedentes ocurrieron, resultando en el *Homo sapiens sapiens.*

Sheldrake indica que los mitos de alrededor del mundo hablan de las herramientas creativas y de poderes dados a los humanos por hombres dioses, héroes divinos, y seres de espíritu,[10] incluyendo el fuego, la danza, el canto, y el lenguaje. Sheldrake expone que debido a que las historias de los regalos dados por seres espirituales son tan universales éstas sugieren que al evolución de la conciencia humana, que parece haber ocurrido en una serie de saltos creativos, puede haber sido catalizada por el contacto con formas superiores de inteligencia.[11] Además, es también instructivo el notar que las fuentes míticas de alrededor del mundo bien documentadas y mencionadas por Sheldrake y otros eruditos —incluyendo los mitos de culturas tan diversas como los dogones de Malí, los indios del Este, y los sumerios— señalan en la dirección de una intervención externa.[12] Aún la Biblia hace referencias enigmáticas de "los hijos de Dios que fueron cónyuges de las hijas de los hombres" (Génesis 6:4). La deficiencia en nuestra teoría evolucionaria unida con los abundantes documentos míticos sugieren que no sólo podía haber existido una intervención externa en nuestra evolución sino que también la intervención externa podría ser la única explicación plausible.

Aún la mas respetada de entre los místicos cristianos, Hildegard de Bingen, parece haber creído que la raza human fué engendrada por la luz. Hildegard de Bingen, que vivió del 1098 AD hasta el 1179, era la abadesa de una abadía Benedictina en Alemania y también una gran mística, profeta, autora, reformadora de la Iglesia y angelóloga. Ella se refirió a los seres humanos como la décima jerarquía angelical o el décimo coro de ángeles[13] y expone que Dios les dió a los humanos la comunión con los dominios angélicos superiores,[14] un evento que los dota de forma única con una inteligencia superior y con un resplandor superior.

Ésto no sugiere que la "comunión" involucra la mezcla de las especies, aunque algunos de los investigadores sugieren tales posibilidades literales. El angelólogo contemporáneo Malcom Godwin indica jocosamente que los documentos míticos indican que los ángeles tienen una falta en particular, una susceptibilidad a los placeres de la carne,[15] mientras que el autor controversial Erich Von Daniken conjetura que nuestro rápido desarrollo humano resultó del mestizaje con seres extraterrestres o algún tipo de mutación genética provocada por ellos, audazmente exponiendo que el enorme proyecto del genoma humano algún día va a confirmar sí todo nuestro material genético fué derivado de nuestros "antepasados" que parecían simios.[16] Sin embargo, tal literalismo tal vez hace que no capten el punto. Los Ángeles, después de todo, han sido generalmente considerados como seres etéreos que existen en cuerpos sutiles no físicos.

Los mitos han sido descritos por el historiador William Irwin Thompson como las leyendas de las traducciones de las experiencias de otras dimensiones en las imágenes de éste mundo.[17] Los archivos míticos que son mencionados por Sheldrake y otros tal vez hayan documentado las experiencias actuales en las afueras de este espacio/tiempo que pueden haber transformado dramáticamente la copia de plano de la conciencia humana.

Así que, no es poco razonable el sugerir que en el recién pasado evolucionario los humanos primitivos tuvieron un "contacto" con inteligencias superiores, que resultó en una transformación rápida y evolucionaria de la forma humana. Este contacto pudo haber sido intra dimensional y puramente energético. Tal vez los campos de energía sumamente refinados de alguna manera se solaparon con los de nosotros, revolucionando el arquetipo humano. Es posible que, así como las enseñanzas esotéricas nos dicen, las semillas del ser humano nuevo espiritual fueron plantadas en lo profundo de nuestros seres en ese tiempo.

Los Elohim, los ángeles creativos grandes y poderosos conocidos como los hijos de Dios, podrían ser tal vez nuestros antepasados espirituales. Aunque rostros tal vez sólo tengamos una memoria vaga en el subconciente de éste contacto con la luz superior, los Elohim podrían ser los eslabones perdidos de nuestra evolución. Si es así, nosotros somos los niños de la luz que venimos de la misma luz angelical y por lo tanto tenemos la copia de plano de la luz angelical dentro de nosotros.

ACCEDIENDO A LA LUZ ANGELICAL

Don Miguel Ruiz considera a la luz angelical como la etapa de percepción más allá de la segunda atención. Para percibir la luz angelical, es necesario el hacer un cambio perceptual. En *The Physics of Angels* [La física de los ángeles], un diálogo en colaboración entre el teólogo Matthew Fox y Rupert Sheldrake, enseña que la luz angelical no es sólo un concepto afelpado de la Nueva Era. En su libro ellos examinan los escritos de los grandes místicos como Sto. Tomás de Aquinas y de Hildegard de Bingen sobre el tema de los ángeles, a la luz de los descubrimientos de la física moderna y de la cosmología. La luz angelical podría actualmente tener una base en la física cuántica. Así como Fox y Sheldrake indican, aunque muchas gentes piensan de los ángeles como ayudantes invisibles, pocos de nosotros hemos pensado acerca de ellos como seres cuánticos. Y sin embargo los ángeles tienen características en común con los aspectos de la física cuántica. Los fotones son unidades de luz que no tienen masa. Sheldrake indica que, así como los fotones, los ángeles solo pueden ser representados por sus acciones.[18]

Sheldrake cree que los campos invisibles llamados campos mórficos determinan la organización de todos los sistemas en la naturaleza —con cada planeta, cada sistema solar, y cada galaxia teniendo su propio campo mórfico.[19] De acuerdo a ésta teoría, el campo de nuestro planeta está incluido de una manera jerárquica al campo de nuestro sistema solar y de nuestra galaxia. Dentro de los campos mórficos existen otros campos tales como los campos gravitacionales y los campos magnéticos, así como también los campos de la materia cuánticos, que estan todos anidados de manera jerárquica —campos dentro de campos.

Muchas de las culturas antiguas creían que todo tenía un alma. Sheldrake indica que nosotros pensábamos que los principios organizadores que son invisibles en la naturaleza eran las almas. Lo que se solía llamar el alma del universo, el *anima mundi,* ahora nosotros nos referimos de eso como el campo gravitacional. El alma magnética es ahora el campo magnético, el alma del animal es ahora el campo de los instintos, y el dominio de la actividad mental es ahora el campo mental.[20] Sheldrake sugiere que los ángeles podrían ser un aspecto de lo que el llama los campos angélicos. Así como un fotón es energía en la forma de luz que es acarreada por un campo electromagnético, los ángeles pueden ser una energía especial in la forma de luz acarreada por un campo angélico. Así como las partículas cuánticas, los ángeles podrían tener características dobles.

Ellos podrían ser así como una partícula cuando ellos se manifiestan en actividad, pero ser como ondas cuando ellos estan dispersados dentro del campo. Matthew Fox indica que cuando estamos hablando del fotón, la partícula de luz, y el campo juntándose que estamos describiendo la luz angelical.[21]

Además, Fox y Sheldrake explican que antes del siglo diez y siete, la gente creía que el universo estaba vivo, y los ángeles eran aceptados como una parte de su cosmología. Los ángeles fueron esencialmente excluidos del pensamiento Occidental por la visión mundial newtoniana-cartesiana. Como para la inmensa mayoría de la gente, los ángeles no se podían percibir con los cinco sentidos, ellos simplemente no existían. Ahora debido al progreso en la ciencia estamos empezando a liberarnos del punto de vista mecánico del universo que por tanto tiempo ha limitado a nuestro entendimiento, y estamos empezando a comprender el potencial cuántico del ser humano.

Tradicionalmente, los ángeles han sido considerados como mensajeros. Los campos trabajan tambien como mensajeros. Los campos cuánticos, los campos gravitacionales, y los campos electromagnéticos todos se interconectan con otros campos.[22] Los campos no están hechos de materia, en vez la materia se podría comprender como una energía limitada dentro de los campos. Sheldrake explica que, aunque los patrones vibratorios de los electrones, de los protones, y de los neutrones existen en campos atómicos, más del 99 por ciento de todos esos campos están vacíos.[23]

El punto esencial es que toda la naturaleza está organizada en campos. El campo del que nosotros podríamos pensar como la luz angelical está asociado con la conciencia y la inteligencia. Es ésta la luz que es un puente entre lo divino y la materia. En este contexto, es de interés la sugerencia de Juan Núñez del Prado que la luz de las Pléyades actúa como una unidora de campos de energía, un *taqe*. Tal vez la luz angelical actúa como un *taqe* especial en el ser humano espiritual.

La luz divina, la luz de donde sale la conciencia, no es la luz que viene de nuestro sol. En vez, es la luz invisible a la que nosotros consideramos como la luz interior, la luz del Ser mismo. Nuestras historias de la creación nos dicen que la primera creación de la deidad fué la luz.

Vale la pena notar que nuestras historias de la creación no son tan distintas a la teoría de la Gran Explosión, que de acuerdo con ésta, una gran explosión produjo un resplandor tan enorme de luz, que llenó al universo entero. Sabemos que sólo podemos ver con nuestros ojos porciones pequeñas del espectro entero de la luz, y así que no podemos ver, por ejemplo, las ondas de radio o microondas. Es posible que los ángeles sean como fotones, transmitiendo todo tipo de radiación de luz, la mayoría de la cual es invisible para nosotros.

En un momento temprano del desarrollo del universo, la materia se separó de la luz. Así como fué indicado científicamente, a medida que el universo se ensanchaba y se enfriaba hubo un desacoplo de la materia y la radiación. Previo a ese tiempo la oscuridad y la luz no estaban diferenciadas.[24] La primera luz creada podría haber sido una iluminación invisible, o la luz de la conciencia, o la luz angelical.

Si vemos a los ángeles en el contexto de los descubrimientos científicos recientes, empezamos a acercarnos al entendimiento de la verdad de su existencia tanto como de su propósito. Hildegard de Bingen, cuyos trabajos están basados mayormente en la conciencia mística, escribió acerca de los ángeles como luz viviente,[25] como la iluminación invisible que se apega a las esferas voladoras, vivientes,[26] y expone que los ángeles fueron creados para funcionar como espejos vivientes de la luz divina.

Así como los ángeles, nosotros, tambien, reflejamos a lo divino cuando resonamos con lo divino. El reflejo divino suena extraordinariamente similar al concepto andino de *ayni,* o reciprocidad. Así que es probable que la reflexión divina y la resonancia compasiva no sólo son encontradas en los dominios angélicos si no también, como la gente antigua de Mesoamérica y de Perú lo creían, son parte de la expresión humana.

La mayoría de los angelólogos clásicos creían que habian nueve jerarquías de ángeles. Estas esferas, que ahora podemos pensar de ellas como los campos angélicos, ordenan todo lo de la conciencia y abarcan desde el microcosmo de la existencia humana al macrocosmo de la interacción galáctica. Ahora, podríamos pensar acerca de éstas jerarquías angélicas como círculos concéntricos de luz interactiva. La luz dentro de éstos campos no sólo ordena y reacciona con la conciencia, sino que también se comunica. Así como los fotones, los ángeles no tienen masa y no están limitados por las leyes del universo físico. Ellos son, por lo tanto, capaces de comunicarse a velocidades super luminosas. Así como Hildegard de Bingen previó claramente hace casi mil años, los seres humanos espirituales son la décima jerarquía angelical.

LOS REGALOS DE LA LUZ ANGELICAL

Descubriendo a la luz angelical interior puede ser un proceso difícil, pues para lograrlo tenemos que soltar muchas de las creencias que nos limitan e imaginarnos a nosotros mismos de nuevo totalmente. Pero no estamos sin recursos. Las grandes hermandades de la luz están listas para asistir a sus semillas de dios que están emergiendo.

En la literatura religiosa de por todo el mundo existen muchas referencias sobre la elevación los humanos perfeccionados a los reinos angélicos.[27] Consideren, por ejemplo, la historia bíblica familiar de Jacob. Jacob "luchó con un ángel," lo que ha sido interpretado que quería decir que en su búsqueda por completarse, Jacob alcanzó al Gabriel de su propio ser.[28] Ésto quiere decir, que encontró dentro de si mismo la luz angelical, su verdadero destino.

Así como don Miguel nos dice, que para alcanzar a la luz angelical tenemos que hacer un cambio perceptual, pues la luz angelical ultimadamente es una experiencia mística. Y así como con todas la experiencias místicas, después que hemos sido engendrados por la luz tenemos que bajar de la montaña. Cuando regresamos de una experiencia mística, encontramos que extraordinariamente nuestro mundo también ha sido transformado. Vemos al mundo de manera diferente por que somos diferentes. Porque hemos sido tocados por la luz angelical, tenemos dentro de nosotros visión holística y los otros regalos de la luz angelical.

A través de nuestro propio esfuerzo, todos vamos eventualmente a alcanzar la luz angelical —es nuestro destino. Con el nacimiento del sexto sol, el ser humano espiritual, la semilla de dios, se está desplegando de la orden superior. Tenemos dentro de nosotros el resplandor del disco dorado, nosotros, también, somos capaces de hacernos completamente concientes.

Media vez que nos reconozcamos a nosotros mismos como los niños de la luz podremos recibir los beneficios que vienen con este legado. El primer regalo de la luz angelical es la visión holística, la habilidad de vernos a nosotros mismos como semillas de dios dentro de un todo galáctico interactivo. Ésto nos permitirá a nosotros a ver quienes somos en realidad y que todos somos parte de la luz de la conciencia pura. La visión holística nos trae un cambio radical en la perspectiva, no solo causando que nosotros alteremos los patrones de conducta que son egocéntricos y destructivos sino que tambien cambiar nuestro modo de pensar. Además, la visión holística nos permite el comprender a nuestra multidimensionalidad inherente, y nos permite el acceder los aspectos múltiples de nuestra conciencia.

En este espacio/tiempo, los seres humanos tienen su físico, pero somos más que eso. Cada uno somos parte de una luz angelical que compone la conciencia humana. Y por el poder de nuestro intento, podemos ensancharnos hacia arriba a través de las órdenes de luz angelical anidadas para que podamos abrazar a la luz refinada de nuestros antepasados celestiales. Podemos hacer ésto a través de la luz que conecta a nuestra conciencia con el todo más grande. Así como las partículas sub-atómicas que definen a nuestra estructura física, somos como las partículas a medida que participamos en la vida diaria y como las ondas a medida que nuestra conciencia danza en una totalidad intacta. Con tiempo será posible hacer tales cambios preceptúales con más fluidez. A través del desarrollo de nuestra conciencia de presenciar (un estado imparcial de auto-observación, libre de juzgar), nos podremos observar a nosotros mismos cambiando de un estado al otro y el percibir nuestras existencias simultáneas como los seres cuánticos que verdaderamente somos.

Debido a nuestra multiplicidad, nos podemos mover concientemente entre los diferentes dominios de la existencia. Somos una partícula de conciencia fijada en este espacio/tiempo pero tambien una unidad de conciencia más allá del tiempo y el espacio. El regalo que recibimos de nuestros niveles múltiples de percepción es que como seres cuánticas podemos finalmente comprender que la separación es una ilusión.

Podemos empezar a percibir que somos parte de un todo que se ensancha continuamente y que el mismo universo entero podría ser un holograma sin medida que algunos llaman Dios.

Otro regalo de la luz angelical es el amor incondicional. Nuestra visión holística nueva nos hace claro el que existimos en un estado de totalidad intacta que está lleno de energía dinámica y que esta infundido con el intento. El intento que domina a la luz angelical acarrea un mensaje —el del amor incondicional. La fuerza unificadora que pulsa desde lo que no tiene forma a una forma, la fuerza que monta a las ondas de la luz pura, es la fuerza del amor incondicional. El amor incondicional es la vibración que viene del sol central, el Ser mismo. Es la fuerza super luminosa que despierta a los códigos de la luz ocultos en la forma humana, que engendran a la semilla humana, creando la capacidad de un resplandor divino.

El amor incondicional es una fuerza impersonal que no soporta ningún sentido egoísta, falso del Ser mismo, sólo sostiene a la luz. Por contraste, el amor personal a veces puede ser muy hermoso y puede ser una ilusión seductora que nos puede ayudar a reconocer nuestros apegos. Es solo un sueño.

El amor incondicional es el intento que se filtra desde el corazón del creador e ilumina los corazones de los maestros. Es la fuerza unificadora dedicada eternamente a nuestro despertar que se filtra ha este planeta de un pequeño sol amarillo girando por el espacio en los dominios distantes al borde lejano de la Vía Láctea.

Media vez que ustedes captan la naturaleza del amor incondicional se dan cuenta que existe una agenda galáctica. Hay una orden superior de complejidad que se está desplegando dentro de la conciencia humana como un todo. Entonces ustedes reciben el próximo regalo de la luz angelical —la humildad, tal vez el regalo más difícil de aceptar. Despues de todo, hemos aprendido a funcionar dentro de un sueño planetario por que tenemos un ego, y entre más mejor funcionemos, mas grande es nuestra importancia personal. Pero en la luz angelical, no hay espacio para la importancia personal —es, de hecho, un obstáculo mayor. En vez, es necesario el renunciar de todo nuestro orgullo falso.

La humildad nos enseña ultimadamente que toda la vida es sagrada —que es un regalo de la unión divina de la forma y lo que no tiene forma. Los antiguos del tiempo de Wayu comprendieron que todo en el planeta es sagrado, incluyendo cada hoja de grama, cada flor, cada puño de tierra, cada ladrillo. Éste es el mensaje crítico de los maestros andinos, que percibían a todos los objetos como si fueran animados porque ellos comprendían que todo tiene conciencia y que actúa como un recipiente para la luz.

Cuando nos distraemos, nos deslizamos otra vez a percibir a las cosas como si estuvieran separadas, olvidándonos momentariamente de nuestra naturaleza cuántica, multidimensional y perdiendo a la visión sagrada del mundo. Entonces a medida que nuestra percepción cambia, nos despertamos otra vez, dándonos cuenta que estabamos viendo a la vida desde una perspectiva distorsionada. Este proceso del despertar de nuevo está lleno de humildad y evoca una gratitud profunda.

El regalo de la gratitud lleva ultimadamente a la práctica de *ayni*. Podemos caminar en *ayni* perfecto en todos los mundos así como lo hicieron los antiguos. Así como lo dice don Morales, que podemos aprender a percibir, a pensar, a actuar, y a hablar desde un estado de conciencia de la naturaleza sagrada de todas las cosas. Entonces el mundo va a reflejarnos nosotros nuestro ser sagrado. La gente antigua del Perú y de Mesoamérica sabían todo lo del concepto del reflejo divino y de la resonancia compasiva. Ellos basaron sus culturas en estos principios sagrados. Eso es el por que de la conjunción rara con el centro galáctico, la Madre Sol, podría significar una oportunidad extraordinaria para la transformación humana. Es todo acerca de *ayni*. Cuando practicamos *ayni* hemos entrado a la luz angelical. Entonces la luz de nuestro disco dorado reluce brillantemente, nuestro resplandor danza super-luminosamente a través de las puertas antiguas de la divinidad, y nos convertimos en campos cuánticos que danzamos en forma y fuera de forma. Las profecías incas y mayas señalan a un despertar colectivo de la humanidad, a descubrimientos revolucionarios de percepción, y a la salida fuera del tiempo así como nosotros lo conocemos. Ellos nos dan una pista de un era dorada de iluminación que podría representar a un salto cuántico verdadero —eso es, un salto a la conciencia cuántica, hacia a otra forma de ser y de percibir. Apenas hemos entrado a la luz angelical y todavía tenemos que descubrir la riqueza de nuestro potencial cuántico.

Los niños de la luz son seres cuánticos que están aquí para caminar en un *ayni* perfecto. Somos semillas de dios resonando con compasión con el todo más grande. Somos campos dentro de campos de luz angelical que conectan a la conciencia humana con el orden superior. Nosotros somos los *chakarunas,* la gente que sirven de puente que Wayu auspició hace tanto tiempo, y que hemos venido a traer el potencial completo de la luz divina a la conciencia humana.

GLOSARIO DE PALABRAS QUECHUAS Y ANDINAS

El deletreado de las palabras quechua y andinas usadas por todo este libro han en muchos casos sido adaptadas para facilitar su pronunciación en Inglés.

amaru. Energía viviente que parece una culebra.

apu. El espíritu de una montaña, una estrella o de otra característica natural.

ayni. El caminar en balance en todos los tres mundos de la realidad andina. Basada en la idea de la reciprocidad divina. Parecido al concepto cristiano de existir en un estado de gracia.

capacocha. Rito de sacrificio efectuado en el solsticio del verano. Este rito fué iniciado por el noveno Inca, Pachacuti e implicaba el sacrificio de un niño de cada linaje.

Capac Rayni. Uno de los mayores festivales incas del año. Se celebraba el 22 de diciembre, en el solsticio del verano.

chakarunas. Gente que actuaba como un puente.

cholla. Bebida sagrada hecha de maíz fermentado.

collca. Granero, el nombre para el grupo estelar de las Pléyades.

coto. Un puño de semillas, otro nombre para las Pléyades.

cuti. Darle vuelta o enderezar.

gawag. El tercer ojo.

goya. El homólogo femenino del soberano Inca, o Sapa Inca.

hanaqpacha. El mundo superior. Este es el tercer nivel de la realidad andina y está representado por el cóndor. Es el hogar de las energías superiores y de los espíritus sobrenaturales.

hauca. Un lugar santo o sagrado.

huanque. Un doble o un hermano.

Inca (actualmente Inka). Los iluminados. Este término es generalmente reservado para la realeza.

intihuatana. Una gran piedra usada para funciones calendarias utilizando las sombras proyectadas por el sol.

kausay pacha. El universo de energía.

kuraq. Un gran visionario.

kaypacha. El segundo nivel de la realidad andina simbolizado por el puma. El mundo ordinario que percibimos con los cinco sentidos.

llankay. El poder asociado con lo físico, la habilidad de manifestar. La persona centrada en el cuerpo.

malku. Un hombre que ha alcanzado el quinto nivel de conciencia.

mallqui. Un árbol; un antepasado.

mamacona. Las Vírgenes del Sol legendarias, las mujeres selectas que eran especializadas en las artes antiguas y que eran dedicadas al servicio de la *pachamama*.

mastay. Una gran reunión de la gente o una reintegración.

Mayu. La Vía Láctea, nuestra galaxia. También conocida como el río cósmico sagrado.

mesayog. Uno que trabaja con los espíritus sobrenaturales.

mosoq karpay. Una ceremonia especial en la cual a través de transmisión energética, es dada la semilla de transformación.

munay. El poder asociado con el alma, el amor, y el sentimiento. Una persona centrada en el corazón.

nusta. Una mujer que ha alcanzado el quinto nivel de conciencia.

Pacaritanpu. El lugar de la aparición.

pacha. La madre o el cosmos.

pachacuti. Un tiempo de gran trasformación física o psicológica. También el nombre del noveno Inca.

pachamama. La Tierra y toda la creacion física. El aspecto femenino de la deidad. La gran Madre Cósmica, un ser viviente que es la fuente de toda la vida.

pachamag. El nombre de la energía del Padre Cósmico.

pag'o. Un cháman.

pampa mesayog. Un experto sanador que trabaja con las energías de la tierra.

panya. En ciertos relatos, la realidad ordinaria que está basad en el tiempo lineal y que nosotros percibimos con los sentidos físicos. Con mas precisión, el lado derecho del camino místico andino asociado con lo masculino. Lo ordinario o el lado izquierdo del cerebro.

paqarinas. Los lugares de origen o de la aparición desde otras dimensiones a este tiempo/espacio, tales como los árboles, las cavernas y los manantiales.

Q'ero. De acuerdo con Alberto Villoldo, una persona de pelo largo, una persona de conocimiento, una que tiene poderes de sanación. Un grupo de indios que se cree que son los últimos descendientes directos de los incas.

Q'ollorit'i. El festival anual de la Estrella de la Nieve, algunas veces llamado el Regreso de las Pléyades.

quipuscamayocs. Los mantenedores de los archivos. Los archivos eran mantenidos por el arreglo de nudos amarrados a una cuerda. Los mantenedores de los archivos tenian la tarea de recordar lo que significaba cada nudo. La mayoría de los *quipus* fueron destruidos en el tiempo de la conquista.

quipus. Las cuerdas anudadas en las cuales los archivos eran mantenidos.

sapa. El soberano Real Inca. El término sapa denota a un individuo que ha llegado al sexto nivel de conciencia.

taqe. La tercera etapa de una relación. La etapa notada por la comunión, en donde los cuerpos de engría se entretejen; tambien uno que junta los campos de energía.

Taqe Onkay. El gran entretejido, la gran reunión de las tribus.

Taripay Pacha. La era dorada predicha en las profecías.

tinkuy. La primera etapa de la relación, el encuentro, en donde dos cuerpos de energía hacen contacto.

tupay. La segunda etapa de la relación. En esta etapa los cuerpos de energía se tantean entre si y sienten el potencial del encuentro. La etapa de la confrontación.

ukhapacha. El primer nivel de la realidad andina simbolizado por la serpiente. Conocido como el infra mundo, este mundo es el dominio de las cosas invisibles y los espíritus.

uru pachacuti. La transformación del mundo causada por el agua. La gran inundación.

waka. La estatua sagrada que mantenía el poder divino del linaje. Cada tribu o linaje tenía su propia *waka*. Ellos creían que la *waka* los conectaba con las estrellas de donde eran originarios.

yachay. El poder de la gente que tiene conocimiento y que tiene bien desarrolladas las habilidades mentales. La persona que esta centrada en la mente.

yanantin. Lo opuesto así como el masculino y lo femenino, la luz y la oscuridad, vistos juntos como pares complementarios.

yoge. Por ciertas cuentas, el mundo no ordinario que funciona en el tiempo sagrado o en el tiempo de soñar. Más preciso, el lado izquierdo del camino místico andino asociado con lo femenino, el lado derecho del cerebro, y la intuición.

NOTAS

CAPÍTULO 1. LOS GUARDIANES DE LA SEMILLA

1. Loren McIntyre, *The Incredible Incas and their Timeless Land* (Washington, DC: National Geographic Society, 1975), 194 (Los incas increíbles y su tierra eterna).

CAPÍTULO 2. LAS SIEMBRAS DE LA CONCIENCIA DIVINA

1. William Sullivan, *The Secret of the Incas* (New York: Three Rivers Press, 1996), 23–24 (El secreto de los incas).
2. Fernando E. Elorrieta Salazar y Edgar Elorrieta Salazar, *The Sacred Valley of the Incas* (Cuzco: Sociedad Pacaritanpu, 1996), 24 (El valle sagrado de los incas).
3. Ibid., 40.
4. Véase nota 1, 33; Adrian Gilbert y Maurice M. Cotterell, *The Mayan Prophecies* (Rockport, MA: Element, 1996), 139, 158 (Las profecías mayas).
5. David Freidel, Linda Schele, and Joy Parker, *Maya Cosmos* (New York: Quill William Morrow, 1993), 96 (El cosmos maya).
6. Véase nota 1, 33–34.
7. Véase nota 1, 33.
8. Véase nota 1, 35; véase nota 1, 371, notas 30–31.
9. J. J. Hurtak, *The Keys of Enoch* (Los Gatos, CA: The Academy of Future Science, 1977), 54 (Las claves de Enoc).
10. Ibid., 54.
11. Peter Tompkins, *Mysteries of the Mexican Pyramids* (New York: Harper and Row, 1976), 398–401 (El misterio de las pirámides mexicanas); Zecharia Sitchin, *The 12th Planet* (New York: Avon Books, 1976), 336–62 (El

12avo planeta); Paul Von Ward, *Solarian Legacy* (Livermore, CA: Oughten House Publications, 1998), 102, 112–13 (El legado solariano); William Irwin Thompson, *The Time Falling Bodies Take to Light* (New York: St Martins Press, 1981), 28–30 (El tiempo en que los cuerpos cayendose se toman para la luz).

12. Véase nota 9, 53–54, 56.

13. Véase nota 9, 27–28, 54–56; véase nota 11, Sitchin, 336–39.

14. Véase nota 9, 27–28, 53–54; Manly B. Hall, *An Encyclopedic Outline of Masonic, Hermetic, Qabbalistic and Rosicrucian Symbolism* (Los Angeles: The Philosophical Research Society, 1988) LXXIII–LXXVI, CXXVI–CXXVII (Esbozo enciclopédico de los simbolismos masónicos, herméticos, cabalisticos y rosacruces); véase nota 11, Thompson, 25–34.

15. Véase nota 9, 54.

16. Malcolm Godwin, *Angels—An Endangered Species* (New York: Simon and Schuster, 1990), 177, 215–17 (Ángeles —una especie en peligro de extinción).

17. Ibid., 214.

18. Ibid., 25.

19. Ibid., 36.

20. Ibid., 215.

21. Génesis 1: 26–27.

22. Véase nota 9, 27–28, 33–56.

23. Véase nota 9, 44.

24. Edgar Evans Cayce, Gail Cayce Schwartzer, y Douglas G. Richards, *The Mysteries of Atlantis Revisited* (New York: St. Martins Press, 1997), 1–18; véase nota 11, Tompkins, 382 (Los misterios de la Atlántida vueltos a visitar).

25. Véase nota 11, Tompkins, 375–76.

26. W. Scott-Elliot, *Legends of Atlantis and Lost Lemuria* (Wheaton, IL: Quest Books, 1990), prefacio, xviii (Leyendas de la Atlantida y de Lemuria perdidas).

27. Ibid.

28. Timothy B. Roberts, *Gods of the Maya, Aztec, and Inca* (New York: Michael Friedman Publishing Group, 1996), 12–13 (Los dioses de los Mayas, Aztecas, y los Incas).

29. Véase nota 11, Tompkins, 347.

30. Véase nota 4, Gilbert and Cotterell, 124–27; véase nota 11, Tompkins, 82–83, 398–400; véase nota 5, 59, 140, 196; véase nota 14, Hall, CXCIII–CXCVI.

31. Véase nota 11, Tompkins, 399.

32. Encyclopaedia Britannica, CD, 1999, s.v. "chakra" (Enciclopedia británica).

33. Véase nota 11, Thompson, 339–40.

34. Véase nota 11, Sitchin, 371.

35. Véase nota 11, Tompkins, 348–49.

36. Ibid., 166.

37. Ibid., 166.

38. Ibid., 362.

39. Véase nota 9, 42–46, 306, 310–12, 488; C. W. Leadbeater, *Ancient Mystic Rites* (Wheaton, IL: Quest Books, 1986), 16 (Los ritos místicos antiguos).

40. Véase nota 9, 553.

41. Corrinne Heline, *New Age Bible Interpretations: Old Testament Vol. 1* (Santa Monica, CA: New Age Bible and Philosophy Center, 1938), 181 (Interpretaciones de la Biblia de la nueva era: El antiguo testamento vol. 1).

42. Ibid., 181.

43. Ibid., 181–82.

44. Véase nota 39, Leadbeater, 18.

45. Véase nota 39, Leadbeater, 18–19, citando de *Man; Whence, How and Whither*, 284–87 (El hombre, de donde, como y a donde).

46. Véase nota 11, Tompkins, 384–85, 388–89.

47. Nigel Davies, *The Toltecs Until the Fall of Tula* (Norman, OK: University of Oklahoma Press, 1977), 45 (Los toltecas hasta la caida de tula).

48. Véase nota 11, Tompkins, 229.

49. Véase nota 11, Tompkins, 247.

50. Michael Rowan-Robinson, *Our Universe—An Armchair Guide* (New York: W. H. Freeman and Company, 1990), 104 (Nuestro universo —una guia de butaca).

51. Véase nota 11, Tompkins, 266–69.

52. Ibid., 263.

53. Ibid.

54. Ibid.

55. A. Yusef Ali, trans., *The Holy Qur'an* (Brentwood, MD: Amana, 1983), 907–8 (El Coran sagrado).

CAPÍTULO 3. LOS SEMILLEROS MAYA E INCA

1. William Sullivan, *The Secret of the Incas* (New York: Three Rivers Press, 1996), 26 (El secreto de los Incas).

2. Ibid., citado en 27.

3. José Argüelles, *The Mayan Factor* (Santa Fe: Bear and Co., 1987), 113–18 (El factor maya).

4. David Freidel, Linda Schele, y Joy Parker, *Maya Cosmos* (New York: Quill William Morrow, 1993), 79 (El cosmos maya).

5. Ibid., 72 y 87, 85 y 87, 89–94, 76–78, respectivamente.

6. Ibid., 196.

7. Ibid., 92.

8. Ibid., 96.

9. Ibid., 135.

10. Ibid., 143.

11. Ibid., 139, 280.

12. Ibid., 431.

13. Ibid., 103.

14. Véase nota 3, 77.

15. Ibid., 3, 78; Peter Tompkins, *The Mysteries of the Mexican Pyramids* (New York: Harper & Row, 1976), 78–79 (Los misterios de las pirámides mexicanas).

16. Véase nota 3, 78.

17. Ibid., 79, 52.

18. Ibid., 79.

19. Véase nota 1, 7.

20. John Major Jenkins, *Maya Cosmogenesis 2012* (Santa Fe: Bear and Co., 1998), xxxvii (El cosmogénesis maya del 2012).

21. Ibid., xxxviii.

22. Ibid., 106.

23. Ibid., 111.

24. Ibid., 113–14.

25. Ibid., 91–102.

26. J. J. Hurtak, *The Keys of Enoch* (Los Gatos, CA: The Academy of Future Science, 1977), 78 (Las claves de Enoc).

27. Véase nota 3, 174.

28. Alice Howell, *Jungian Synchronicity in Astrological Signs and Ages* (Wheaton, IL: Quest Books, 1990), 20 (La sincronía de Jung en los signos y las épocas astrológicos).

29. Michael Talbolt, *Holographic Universe*, (New York: Harper Perennial, 1991), 290 (El universo holográfico).

30. Fernando E. Elorrieta Salazar y Edgar Elorrieta Salazar, *The Sacred Valley of the Incas—Myths and Symbols* (Cuzco: Sociedad Pacaritanpu Hatha, 1996), 101 (El valle sagrado de los Incas —mitos y símbolos).

31. Véase nota 1, 204–7.

32. Ibid., 214.

33. Ibid., 208.

34. Ibid.

35. Ibid., 207–11.

36. Ibid., 303.

37. Loren McIntyre, *The Incredible Incas and Their Timeless Land* (Washington, DC: National Geographic Society, 1975), 31 (Los increibles Incas y su tierra eterna).

38. Véase nota 1, 29.

39. Véase nota 1, 262.

40. Timothy B. Roberts, *The Gods of the Maya, Aztecs and Inca* (New York: Michael Friedman Publishing Group, 1996), 75 (Los dioses de los Mayas, Aztecas y Incas).

41. Ibid., 312.

42. Ibid., 313.

43. Ibid., 324.

44. Ibid., 257; Frank Waters, *Mexican Mystique* (Athens, OH: Swallow Press, 1975), 123 (La mística mexicana).

45. Ibid., 256.

46. Ibid., 279.

47. Ibid., 333.

48. Ibid., 341.

49. Véase nota 34, 9.

50. Véase nota 1, 390; véase nota 40, 74.

CAPÍTULO 4. LAS PROFECÍAS
ANDINAS DE LA NUEVA ERA

1. Alberto Villoldo, "Inca Prophecies of the End of Time," *Four Winds Society* 1995–1996. "Las profecias incas del fin del mundo," Tambien correspondencia personal entre el autor y Joan Parisi Wilcox.

2. Véase nota 1, Villoldo, Elizabeth Jenkins, *Initiation—A Woman's Spiritual Journey* (New York: G. P. Putnam and Sons, 1997), 234, 235 (La iniciación —la jornada espiritual de una mujer).

3. Véase nota 2, Jenkins, 227–28, 230.

4. Hal Zina Bennett, "From the Heart of the Andes: An Interview with Q'ero Incan Shamans," *Shaman's Drum,* Issue 36, Fall 1994, 36, 40–49 ("Desde el corazón de los Andes: Una entrevista con los chamanes Q'ero incas").

5. Joan Parisi Wilcox, *Keepers of the Ancient Knowledge* (Boston: Element, 1999), 180–81 (Los guardianes del conocimeto antiguo).

6. Joan Parisi Wilcox, "Stepping Outside of Time—Q'ero Shamanism and the West," *Magical Blend,* Issue 44, November, 1994, 45–48, 84–86 ("Saliéndose fuera del tiempo —el chamanismo q'ero y el Oeste").

7. Ibid.

8. Véase nota 4.

9. Alberto Villoldo y Erik Jendresen, *The Island of the Sun* (Rochester, VT: Destiny Books, 1992), 175 (La isla del sol).

10. Sound recording, "The End," John Lennon y Paul McCartney, *Abbey Road* (Northern Songs, 1969) (Grabación musical, "El final").

11. Véase nota 9, 175.

12. Véase nota 4.

13. Véase nota 1, Villoldo, 2.

14. Ibid.

15. Ibid.

16. Brad Berg, "Prophecies of the Q'ero Incan Shamans," *Share International Magazine*, January/February, 1997 ("Las profecias de los chamanes incas q'ero").

17. J. L. Gferer, "Four Steps to Power and Knowledge," *Four Winds Society, 1995–1996* ("Las cuatro etapas para el poder y el conocimiento").

18. Véase nota 2, Jenkins, 229, 236.

19. Véase nota 2, Jenkins, 229.

20. Conversaciones personal con don Miguel Ruiz.

21. Véase nota 5, 243–45.

22. William Sullivan, *The Secret of the Incas* (New York: Three Rivers Press, 1996), 37, 51, 55 (El secreto de los Incas).

23. Véase nota 2, Jenkins, 263–65.

24. Véase nota 2, Jenkins, 264–65.

CAPÍTULO 5. EL DESPERTAR

1. Frank Waters, *The Mexican Mystique* (Athens, OH: Swallow Press, 1975), 246 (La mistica mexicana).

2. Ibid., Sklower appendix, 285–304.

3. Ibid., 282.

4. C. G. Jung, *Flying Saucers: A Modern Myth of Things Seen in the Skies*, R. F. C. Hull, trans. (Princeton, NJ: Princeton University Press, 1991), 5 (Platillos voladores: Un mito moderno de las cosas que se ven en los cielos).

5. Mary Carroll Nelson, *Beyond Fear, a Toltec Guide to Freedom and Joy—the Teachings of Miguel Angel Ruiz M.D.* (Tulsa, OK: Council Oaks Books, 1997), 30 (Mas allá del miedo, una guia tolteca para la libertad y el gozo —las enseñanzas de Miguel Ángel Ruiz, MD). Tambien conversaciones personales entre la autora y don Miguel Ruiz.

6. Ibid., 31.

7. Matthew Fox and Rupert Sheldrake, *The Physics of Angels* (San Francisco: Harper San Francisco, 1996), 101 (La física de los ángeles).

8. Michael Talbot, *Holographic Universe* (New York: Harper Perennial, 1991), 123–25 (El universo holográfico).

9. Richard Gerber, *Vibrational Medicine* (Santa Fe: Bear and Co., 1988), 59 (La medicina vibracional).

10. Véase nota 7, 41–43.

11. Victor Sanchez, *The Teachings of Don Carlos* (Santa Fe: Bear and Co., 1996), 23 (Las enseñanzas de Don Carlos).

12. Gregg Braden, *Awakening to Zero Point* (Questa, NM: Sacred Spaces/ Ancient Wisdom, 1994), 178 (Despertando al punto zero).

13. Sidney Liebes, Elizabet Sahtouris y Brian Swimme, *A Walk Through Time* (New York: John Wiley & Sons, 1998), 27 (Una caminata a través del tiempo).

14. Edgar Mitchell, keynote presentation, "Nature's Mind—The Quantum Hologram," Conferencia sobre la Ciencia and la Consciencia, 11 de April, 1999, Albuquerque, NM ("La mente de la naturaleza —el holograma cuántico").

15. Gary Zukav, *The Seat of the Soul* (New York: Simon and Schuster, 1989), 106 (El asiento del alma).

CAPÍTULO 6. LAS BIBLIOTECAS DE LA ANTIGÜEDAD

1. H. H. the Dalai Lama, *The Good Heart* (Boston: Wisdom Publications, 1996), 121 (El corazon bueno).

2. James Swan, *Sacred Places* (Santa Fe: Bear and Co., 1990), 35 (Lugares sagrados).

3. Peter Tompkins, *Mysteries of the Mexican Pyramids* (New York: Harper and Row, 1976), 326 (Los misterios de las pirámides mexicanas).

4. Ibid., 327.

5. Ibid., 330–31.

6. Ibid., 327.

7. Ibid., 328.

8. Ibid.

9. Ibid., 327.

10. Ibid., 328.

11. Ibid., 326, 328–29.

12. Sig Longren, *Spiritual Dowsing* (Glastonbury: Gothic Image Publications, 1986), 34–35 (Buscando al espíritu con una varita).

13. Paul Devereux, *Earth Memory* (St. Paul, MN: Llewllyn, 1992), 183 (Memoria de la Tierra).

14. Véase nota 12, 35.

15. Véase nota 13, 129.

16. Véase nota 13, 276–77.

17. Véase nota 13, 274–76; véase nota 2, 75–115.

18. Véase nota 3, 314.

19. Véase nota 3, 261–63.

20. Conversaciones personales entre el autor y don Miguel Ruiz.

21. Michael Talbot, *Holographic Universe* (New York: Harper Perennial, 1991), 174–76 (Universo holográfico).

22. Véase nota 12, 302.

23. Victor Sanchez, *The Teachings of Don Carlos* (Santa Fe: Bear and Co., 1995), 8 (La enseñanzas de Don Carlos).

24. Ibid., 10.

25. Ibid., 131–36.

26. Véase nota 21, 163.

27. Véase nota 2, 86–102.

28. Véase nota 2, 209.

29. Elizabeth B. Jenkins, *Initiation—A Woman's Spiritual Journey* (New York: G.P. Putnam and Sons, 1997), 130 (La iniciación —la jornada espiritual de una mujer).

30. José Argüelles, *The Mayan Factor* (Santa Fe: Bear and Co., 1987), 147–48 (El factor maya).

31. Ibid., 154.

32. Véase nota 21, 293.

CAPÍTULO 7. ENTRANDO
A LA LUZ ANGELICAL

1. Manly B. Hall, *The Encyclopedic Outline of Masonic, Hermetic, Qabblistic and Rosicrucian Symbolism* (Los Angeles: The Philosophical Research Society, 1988), CXCIV (Esbozo enciclopédico de los simbolismos masónicos, herméticos, cabalísticos y rosacruces).

2. Brother Phillip, *Secret of the Andes* (San Rafael, CA: Leaves of Grass Press, 1961), 13–15 (El secreto de los Andes).

3. Brian Swimme, *The Hidden Heart of the Cosmos* (Maryknoll, NY: Orbis Books, 1996), 39–40 (El corazón oculto del cosmos).

4. Frank Waters, *Mexican Mystique* (Athens, OH: Swallow Press, 1975), 205 (La mistica mexicana).

5. Matthew Fox and Rupert Sheldrake, *The Physics of Angels* (San Francisco: HarperSanFrancisco, 1996), 18 (La física de los ángeles).

6. Ibid., 18–20.

7. Paul A. LaViolette, *Beyond the Big Bang* (Rochester, VT: Park Street Press, 1995), 239 (Más allá de la gran explosión).

8. Zecharia Sitchin, *The 12th Planet* (New York: Avon Books, 1978), 17 (El 12avo planeta).

9. Ibid., 17.

10. Véase nota 5, 164.

11. Ibid.

12. Véase nota 8, 336–62; Paul Von Ward, *Solarian Legacy* (Livermore, CA: Oughten House Publications, 1998), 102, 112–13 (El legado solariano); Peter Tompkins, *Mysteries of the Mexican Pyramids* (New York: Harper and Row, 1976), 398–99 (Los misterios de las pirámides mexicanas); William Irwin Thompson, *The Time Falling Bodies Take to Light* (New York: St Martins Press, 1981), 28–30 (El tiempo que los cuerpos cayendose toman hacia la luz); Richard Laurence, trans., *The Book of Enoch, the Prophet* (San Diego, CA: Secret Doctrine Reference Series, Wizards Bookshelf, 1995), 5–7 (El libro de Enoc, el profeta).

13. Véase nota 5, 161.

14. Ibid., 162.

15. Malcolm Godwin, *Angels—An Endangered Species* (New York: Simon and Schuster, 1990), 69–72 (Ángeles —una especie en peligro de extinción).

16. Erich Von Daniken, *The Return of the Gods* (Shaftesbury, Dorset: Element, 1995), 138 (El regreso de los dioses).

17. Véase nota 12, Thompson, 39.

18. Véase nota 5, 21.

19. Ibid., 39.

20. Ibid., 39–40.

21. Ibid., 5, 41.

22. Ibid., 42.

23. Ibid., 50.

24. Ibid., 5, 85.

25. Ibid., 138.

26. Ibid., 139.

27. Véase nota 5; Manly B. Hall, *An Encyclopedic Outline of Masonic, Hermetic, Qabbalistic and Rosicrucian Symbolism* (Los Angeles: The Philosophical Research Society, 1988), 139 (Esbozo enciclopedico de los simbolismos masónicos, herméticos, cabalisticos y rosacruces).

28. Peter Lamborn Wilson, *Angels* (New York: Pantheon Press, 1980), 179 (Ángeles).

29. Ibid., 186.

BIBLIOGRAFÍA SELECCIONADA

Argüelles, José. *El factor maya*. Buenos Aires: Editorial Brujas, 2005.

Braden, Gregg. *Awakening to Zero Point*. Questa, NM: Sacred Spaces/Ancient Wisdom, 1994 (Despertándose al punto zero).

Cayce, Edgar Evans, Gail Joyce Schwartzer, and Douglas G. Richards. *Mysteries of Atlantis Revisited*. New York: St. Martins Press, 1997 (Misterios de una Atlántida visitada de nuevo).

Capra, Fritjof. *The Tao of Physics*. Boston: Shambhala Press, 1991 (El tao de la física).

Chopra, Deepak. *Quantum Healing*. New York: Bantam, 1992 (La sanación cuántica).

Castaneda, Carlos. *The Teachings of Don Juan*. Berkeley: University of California Press, 1986 (Las enseñanzas de don Juan).

————. *A Separate Reality*. New York: Simon and Schuster, 1971 (Una realidad separada).

Devereux, Paul. *Earth Memory*. St. Paul, MN: Llewellyn, 1992 (La memoria de la Tierra).

Fox, Matthew, and Rupert Sheldrake. *The Physics of Angels*. San Francisco: HarperSanFrancisco, 1996 (La física de los ángeles).

Freidel, David, Linda Schele, and Joy Parker. *Maya Cosmos*. New York: Quill William Morrow, 1993 (El cosmos maya).

Gerber, Richard. *Vibrational Medicine*. Santa Fe: Bear & Co., 1988 (La medicina vibraciónal).

Godwin, Malcolm. *Angels: An Endangered Species*. New York: Simon and Schuster, 1990 (Ángeles una especie en peligro de extinción).

Goswami, Amit. *The Self Aware Universe*. San Francisco: J. P. Tarcher, 1995 (El universo de la conciencia de uno mismo).

Hall, Manly B. *An Encyclopedic Outline of Masonic, Hermetic, Qabbalistic and Roscirucian Symbolism*. Los Angeles: The Philosophical Research Society, Inc., 1988 (Esbozo enciclopédico del simbolismo masónico, hermético, cabalístico y rosacruz).

Heline, Corinne. *New Age Bible Interpretations: Old Testament, vol. I*. Santa Monica, CA: New Age Bible and Philosophy Center, 1993 (Interpretación de la Biblia de la nueva era: El antiguo testamento, vol 1).

Heselton, Philip. *Earth Mysteries*. Rockport, NY: Element, 1991 (Los misterios de la Tierra).

Hunt, Valerie V. *Infinite Mind*. Malibu, CA: Malibu Publishing, 1996 (La mente infinita).

Hurtak, J. J. *The Keys of Enoch*. Los Gatos, CA: The Academy of Future Science, 1977 (Las claves de Enoc).

Jenkins, Elizabeth B. *Initiation, A Woman's Spiritual Journey*. New York: G. P. Putnam and Sons, 1997 (La iniciacion: La jornada espiritual de una mujer).

Jenkins, John Major. *Maya Cosmogenesis 2012*. Santa Fe: Bear and Co., 1998 (El cosmogénesis maya del 2012).

Jung, C. G. *Flying Saucers: A Modern Myth of Things Seen in the Sky*. Translated by R. F. C. Hull. New York: Harcourt, Brace, 1959 (Platillos voladores: Un mito moderno de las cosas vistas en el cielo).

LaViolette, Paul A. *Beyond the Big Bang*. Rochester, VT: Park Street Press, 1995 (Más allá de la gran explosión).

Leadbeater, C. W. *Ancient Mystic Rites*. Wheaton, IL: Quest Books, 1986 (Ritos místicos antiguos).

Liebes, Sidney, Elisabet Sahtouris, and Brian Swimme. *A Walk Through Time*. New York: John Wiley & Sons, 1998 (Una caminada a través del tiempo).

Longren, Sig. *Spiritual Dowsing*. Glastonbury: Gothic Image Publications, 1986 (La búsqueda espiritual con la varita).

Michell, John. *New View Over Atlantis*. London: Thames and Hudson, 1983 (Una vista nueva acerca de la Atlántida).

Ruiz, Miguel. *The Four Agreements*. San Rafael, CA: Amber-Allen Publications, 1997 (Los cuatro acuerdos).

Salazar, Fernando E. Elorrieta, and Edgar Elorrieta Salazar. *The Sacred Valley of the Incas Myths and Symbols*. Cuzco: Sociedad Pacaritanpu Hatha, 1996 (El valle sagrado de los mitos y simbolos incas).

Sanchez, Victor. *The Teachings of Don Carlos*. Santa Fe: Bear and Co., 1995 (Las enseñanzas de don Carlos).

Schele, Linda, and David Freidel. *Forest of Kings*. New York: William Morrow and Company, Inc., 1990 (Los bosques de los reyes).

Scott-Elliot, W. *Legends of Atlantis and Lost Lemuria*. Wheaton, IL: Quest Books, 1990 (Leyendas de la Atlántida y de la Lemuria perdida).

Singh, Madanjeet. *The Sun Symbol and Power of Life*. New York: Harry N. Abrams, 1993 (El símbolo del sol y le poder de la vida).

Sitchin, Zecharia. *The 12th Planet*. Rochester, VT: Bear & Company, 1991 (El 12avo planeta).

Steiner, Rudolf. *Cosmic Memory: Atlantis and Lemuria*. Blauvelt: Rudolf Steiner Publications, 1971 (La memoria cósmica: Atlantida y Lemuria).

Sullivan, William. *The Secret of the Incas*. New York: Three Rivers Press, 1996 (El secreto de los incas).

Swan, James. *Sacred Places*. Santa Fe: Bear and Co, 1990 (Los lugares sagrados).

Swimme, Brian. *The Hidden Heart of the Cosmos*. Maryknoll, NY: Orbis Books, 1996 (El corazon oculto del cosmos).

Talbot, Michael. *Holographic Universe*. New York: Harper Perennial, 1991 (El universo holográfico).

Tompkins, Peter. *Mysteries of the Mexican Pyramids*. New York: Harper and Row, 1976 (Los misterios de las pirámides mexicanas).

Thompson, Keith. *Angels and Aliens*. New York: Ballantine, 1993 (Ángeles y extraterrestres).

Thompson, William Irwin. *The Time Falling Bodies Take to Light*. New York: St. Martins Press, 1981 (El tiempo que toman los cuerpos toman para la luz).

Villoldo, Alberto, and Erik Jendresen. *The Dance of the Four Winds*. Rochester, VT: Destiny Books, 1990 (La danza de los cuatro vientos).

———. *The Island of the Sun*. Rochester, VT: Destiny Books, 1990 (La isla del sol).

Von Daniken, Erich. *The Return of the Gods*. Shaftesbury, Dorset: Element, 1997 (El regreso de los dioses).

Von Ward, Paul. *Solarian Legacy*. Livermore, CA: Oughten House Publications, 1998 (La herencia solaria).

Waters, Frank. *The Book of the Hopi*. Middlesex: Penguin, 1963 (El libro de los Hopis).

———. *Mexican Mystique*. Athens, OH: Swallow Press, 1975 (La mistica mexicana).

Wilcox, Joan Parisi. *Keepers of the Ancient Knowledge*. Boston: Element, 1999 (Los guardianes del conocimiento antiguo).

Zukav, Gary. *The Dancing Wu Li Masters*. Toronto: Bantam, 1979 (Los maestros bailadores de Wu Li).

———. *The Seat of the Soul*. New York: Simon and Schuster, 1989 (El asiento del alma).

ÍNDICE

OTROS LIBROS DE INNER TRADITIONS EN ESPAÑOL

Más allá de los niños índigo
Los nuevos niños y la llegada del quinto mundo
por P. M. H. Atwater, L.H.D.

El código Maya
La aceleración del tiempo y el despertar de la
consciencia del mundo
por Barbara Hand Clow

El Calendario Maya y la Transformación de la Consciencia
por Carl Johan Calleman, Ph.D.

Numerología
Con Tantra, Ayurveda, y Astrología
por Harish Johari

Vacunas: Una Guía para Padres Inteligentes
Cómo tomar decisiones seguras y sensatas sobre
los riesgos, beneficios, y alternativas
por Aviva Jill Romm

La Destrucción de la Atlántida
Convincente evidencia de la repentina caída
de la legendaria civilización
por Frank Joseph

Secretos sexuales
La alquimia del éxtasis: el arte amatorio de las
civilizaciones más exquisitas
por Nik Douglas y Penny Slinger

Santería Cubana
El Sendero de la Noche
por Raul J. Canizares

INNER TRADITIONS • BEAR & COMPANY
P.O. Box 388
Rochester, VT 05767
1-800-246-8648
www.InnerTraditions.com

O contacte a su libería local